朝日新書
Asahi Shinsho 902

徳川家康の最新研究

伝説化された「天下人」の虚像をはぎ取る

黒田基樹

朝日新聞出版

はじめに

徳川家康についての研究は、この十数年で急速に進展をみている。次から次に新事実が確認され、また新解釈が出されている。というよりもむしろ、家康についての本格的な研究が、この十数年でようやくすすめられるようになった、といったほうが適切である。とくに戦国大名段階の家康についての研究は、周囲の戦国大名研究と比べると著しく見劣りしていたが、研究の進展によってようやくそれらに追いつく状況になった、といってよい。そしてその結果として現在、家康の動向については、それまでの通説の多くが書き改められるようになっている。

本書はそうした家康についての近年の研究成果を、私なりの見解も交えつつ、紹介しようとするものになる。なかでも研究の進展が著しいのは、少年期から羽柴（豊臣）秀吉に従属するまでの政治動向についてと、秀吉死後から征夷大将軍《せいいたいしょうぐん》に任官して新たな武家政権として徳川政権（江戸幕府）を確立させるまでの政治動向、とみることができる。そのため本書では、少年期から将軍任官までについて、家康の生涯をたどるかたちをとって、現段階で明らかになっている、家康の政治動向を紹介していくことにしたい。

今年・二〇二三年NHK大河ドラマ「どうする家康」にあわせて、昨年後半から、家康に関する書籍が数多く出版されるようになっている。しかしその内容は、一部の良質の研究者の著作（それらは本書で参照しているものになる）をのぞくと、内容が部分的であったり、通説に依拠したままであったりと、満足いくものは多くはない。また良質の著作でも、家康の生涯のかなりの部分を扱ったものは多くはない。そうしたことから、この時期に、現在の家康研究の到達点を示しておくことは有意義であると考え、本書を刊行することにした。

家康の研究は、まさに現在進行形ですすんでいる。しかも近年は、多くの力量のある研究者が参加するようになっている。そのため日進月歩の勢いですすんでいる。研究は、多くの研究者が参加することで、本質的な意味での進展がみられることを実感できる。本書では、新しい研究成果を踏まえつつ、さらに私なりの見解を加えている。その意味で、私も家康研究の進展にいささかなりとも貢献できるだろうと考えている。

本書でも、将軍任官までを取り上げるにとどまるかたちになってはいる。しかしそれまでの家康の主要な動向については、最新の内容を提示できていると考えている。そのため他の著作をお読みになっていない方にはもちろんのこと、あらためて最新の家康像をお知りになりたい方には、最適の内容になっていることであろう。ドラマを楽しみつつ、本書を通じて、本当の家康の姿にも想いを馳《は》せていただければ幸いである。

なお本文中において、以下の史料集については、略号で示した。

『愛知県史　資料編10』所収史料番号　愛10〜
『愛知県史　資料編11』所収史料番号　愛11〜
『愛知県史　資料編12』所収史料番号　愛12〜
『静岡県史　資料編7』所収史料番号　静7〜
『静岡県史　資料編8』所収史料番号　静8〜
『上越市史　別編Ⅰ』所収文書番号　上Ⅰ〜
『上越市史　別編Ⅱ』所収文書番号　上Ⅱ〜
『新訂徳川家康文書の研究　上巻』所収史料頁数　家康上〜

『新訂徳川家康文書の研究　中巻』所収史料頁数　家康中〜
『豊臣秀吉文書集』所収文書番号　秀吉〜
『戦国遺文　後北条氏編』所収文書番号　戦北〜
「小田原北条氏文書補遺・同（二）」（『小田原市郷土文化館研究報告』四二号・五〇号）
所収文書番号　北条補遺〜

徳川家康の最新研究　伝説化された「天下人」の虚像をはぎ取る　目次

図版／谷口正孝

第一章　今川家における立場

『三河物語』史観の見直し

徳川家康は、八歳（天文《てんぶん》十八年〈一五四九〉）か九歳（同十九年）の時から、一九歳（永禄《えいろく》三年〈一五六〇〉）までの足かけ一一、二年におよんで、戦国大名今川家の本拠・駿河国駿府《するがのくにすんぷ》（静岡市）に居住した。これについて通説では、そこにおける家康の立場について、今川家の「人質」と考えられてきた。これは家康の死去（元和《げんな》二年〈一六一六〉）から数年後の元和八年に、家康の譜代家臣であった大久保彦左衛門忠教《ただたか》（一五六〇～一六三九）がまとめた、松平家・家康の回想録である『三河物語』（『原本三河物語　研究・釈文篇』）に、そのように記されていることに拠っている。そしてそれは、江戸時代半ばに成立し、松平家・家康の軍記史料として最も代表的な「松平記」（『愛知県史資料編14』所収）にも継承されたことで、広く人口に膾炙《かいしゃ》し、通説をなしてきたのである。

そこでは、家康の父・広忠《ひろただ》（一五二六〜四九）が、天文十六年に今川家に従属するにともなって、まだ幼名竹千代《ようみょうたけちよ》を称していた家康を、「人質」として今川家に差し出した。ところが尾張《おわり》織田信秀《のぶひで》（一五一一〜五二）に味方した三河田原領の戸田宗光に奪取され、千貫文（約一億円、あるいは一〇〇〇貫文）と引き換えに織田家に送られ、尾張国熱田《あつた》（名古屋市）に置かれた。二年後に今川家が織田方になっていた三河安城《あんじょう》城（安城市）を攻略し、城主の織田信広（織田信秀の庶長子）との人質交換により、家康は織田家から今川家に引き渡され、駿府で居住することになった。領国の岡崎領は今川家の統治下に置かれ、家康はその支配にあたることはできず、家臣・領民は今川家の統治で辛酸《しんさん》をなめた、といった内容になっている。

このストーリーは、江戸時代はおろか、現代においても基本的に継承されているといってよい。家康を題材にした歴史小説や、テレビドラマでもこの内容を踏襲してきた。かつて家康を主人公としたNHK大河ドラマ「徳川家康」（一九八三年）でもそうであった。ところが近年になって、当時の史料や社会環境をもとに、今川時代における家康の立場については、大幅な見直しがすすめられるようになっている。

徳川家康像。東京大学史料編纂所所蔵

最大のものは、今川家における立場は「人質」ではなかった、というものであろう（柴裕之『徳川家康』など）。それは家康が、国衆《くにしゅう》岡崎松平家の当主であったから、「人質」とはみなされないことによる。また妻の築山殿《つきやまどの》（一五四〇頃～七九）は、今川家御一家衆の関口刑部少輔氏純《ぎょうぶのしょううじずみ》の娘であることから、その立場は今川家の親類衆とみなされるものとなった。そのため駿府での居住も当然のこととして認識できるようになった（拙著『家康の正妻　築山殿』など）。さらには、織田家に人質に送られたことが事実であったかについても、疑問が出されるようになっている。

このように今川家時代における家康の立場については、大幅に見直されてきている。関係史料が著しく少ないため、いまだその全容は明らかになってはいない。しかし少なくとも、『三河物語』以来語り継がれてきた内容は、基本的には成り立たないことは明らかになっている。なお『三河物語』が、「人質」と表現したのは、それが著された江戸時代初期の状況を反映しているとも思われる。その時期、諸国の大名は江戸幕府に嫡男を人質として出し、江戸に在府させるようになっていた。そうしたことが家康の場合についても、「人質」と表現させたのではないか、と思われる。

岡崎松平家当主の立場

家康は、天文十一年（一五四二）に、岡崎領の国衆・松平広忠の長男として生まれた（なお生年を同十二年とする有力な所伝も存在しているが、いまは措《お》く）。その当時の広忠の立場は、安城松平氏系の岡崎松平家の当主であるとともに、安城松平氏の惣領家というものであった。ちなみに三河松平氏一族は、江戸時代以降、家康に繋《つな》がる系統が全体の惣領家に位置付けられているが、当初から岩津・安城松平氏、大給《おぎゅう》松平氏、大草松平氏の三系統に分立していた（しかも同族でなかった）と認識されるようになっている。したがって広忠は、安

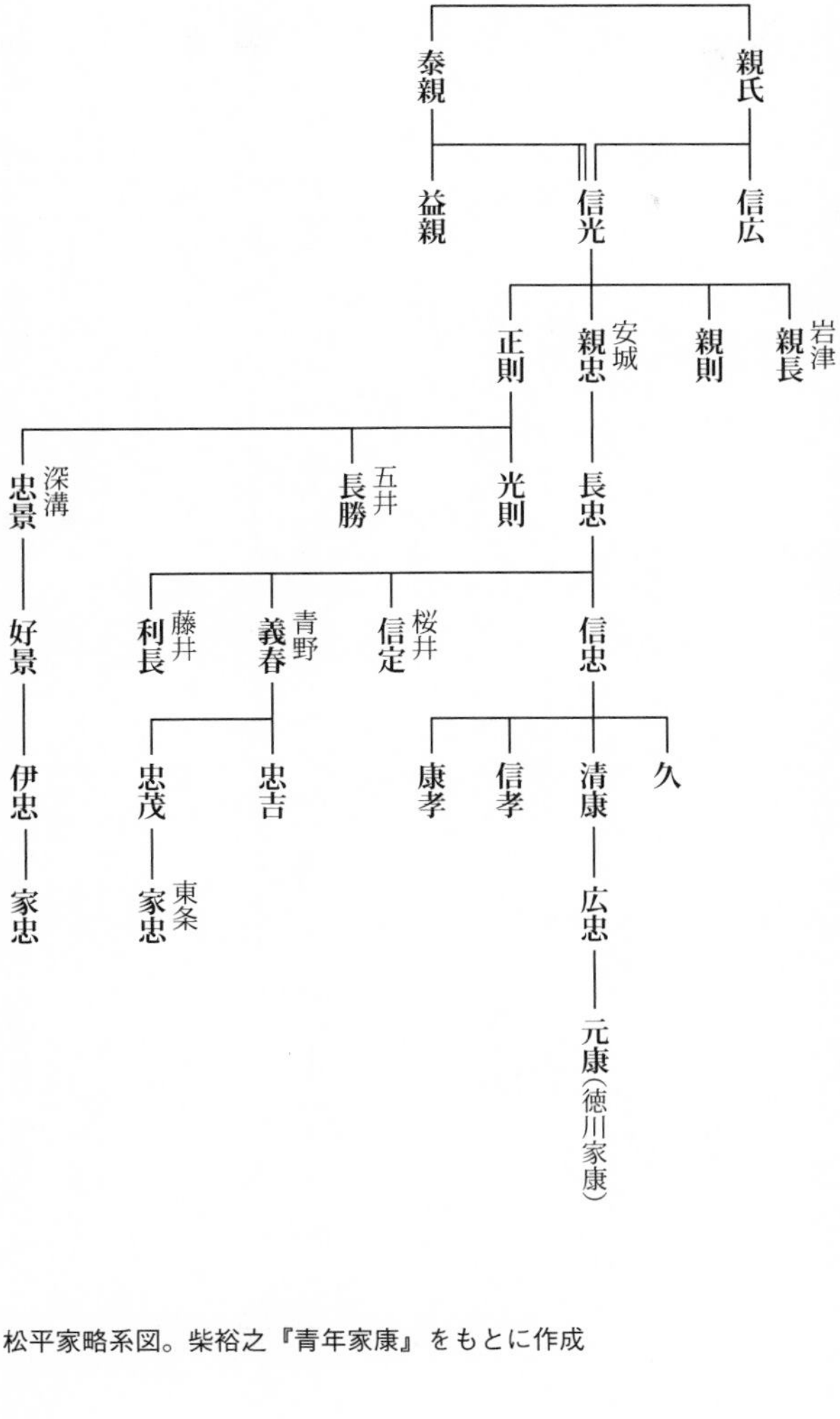

松平家略系図。柴裕之『青年家康』をもとに作成

城松平氏の惣領家ではあったが、松平氏一族全体の惣領家ではなかった。なお広忠およびそれ以前の松平氏の動向については、柴裕之氏の最新刊『青年家康』で最新の研究成果をもとにまとめられているので、詳しくは同書の参照を願いたい。

広忠は天文十五年に、今川家と織田家の双方から攻撃をうけた。この時点で今川家と織田家は、岡崎松平家・田原戸田家との対抗にあたり協調関係にあった。同十六年に今川家は戸田家の拠点・今橋城（のち吉田城、豊橋市）を攻略、織田家は松平家の拠点・安城城を攻略した。続けて九月には、岡崎城を攻略し、広忠を降参させたとみなされる状態になった（『愛知県史資料編14』補一七八号）。ただし広忠が実際に織田家に従属したのかは、判明していない。その九月には、広忠は今川家に従属し（大石泰史編『今川氏年表』）、今川家から援軍を獲得して、広忠は隠居して竹千代（家康）が当主になった（小林輝久彦「『駿遠軍中衆矢文写』についての一考察」）、という見解も出されている。また岡崎城の帰属状況についても明確でなく、同十七年三月の時点でいまだ織田方にあった可能性も想定される（愛10一六五八）。しかしいずれにしても、この時から三河領有をめぐって今川家と織田家の抗争が開始され、そこにおいて広忠は、今川家に従属する立場をとった。

同十七年三月の、岡崎城付近での小豆坂《あずきざか》合戦で、今川方は織田方に勝利し、これにより

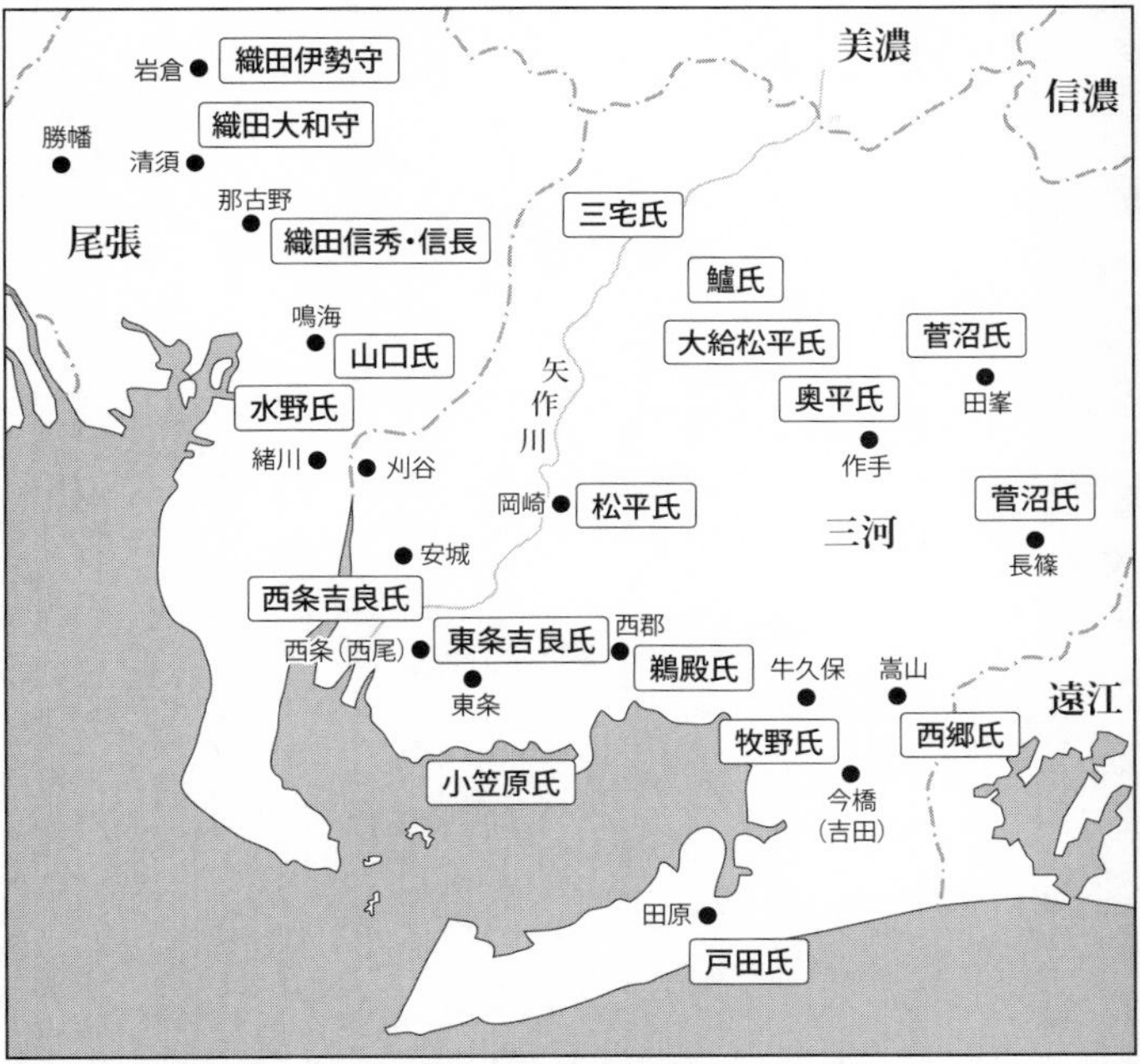

三河・尾張国勢力図。柴裕之『青年家康』をもとに一部改変

広忠・今川家は岡崎城周辺地域を確保したことであろう。しかし広忠は、同十八年三月に死去してしまった。これにより竹千代が岡崎松平家の当主になった。なお先に触れたように、竹千代はそれ以前に当主になっていたとする見解もあるが、少なくともこれにより松平家の家長になったことは間違いない。同年九月、今川家は三河に進軍するが、その際に「去る比《ころ》」に竹千代に援軍していたことが知られ（愛10一七〇六）、その時点で竹千代が岡崎城に在城していたことが認識される。そして同年十一月には、今川家は織田方になっていた安城城を攻略した。これにより松平家の岡崎領は、今川家の支援によりほぼ回復をみることになった。

さてこのような経緯をみると、竹千代が織田家に人質に送られていたとする余地はなくなってしまう。通説では、安城城攻略にともなって、人質交換によって織田家から今川家に送られた、とされていた。しかしそれよりもしばらく前から、竹千代は岡崎城にあり、今川方として存在していたとしか考えられない。このため、竹千代が織田家に人質に送られていたとすること自体に、疑問が出されるのである。しかもその件は、『三河物語』など、後世に成立した徳川関係の史料にしか記されていないもので、『信長公記《しんちょうこうき》』などの織田関係の良質な史料にはみえていないのである。実際はどうであったのか、今後の検討による解決がまたれる。

父広忠の死去により、竹千代は岡崎松平家当主の地位を確立した。今川家による安城城攻略により、領国の岡崎領も回復された。しかしこの時、竹千代はわずか八歳にすぎず、領国統治や織田方との抗争で軍事行動することは無理であった。そのため竹千代は、今川家の保護下に置かれて、駿府に送られることになった。その時期について、『武徳編年集成』（元文《げんぶん》五年〈一七四〇〉成立、名著出版影印刊本）は天文十八年十一月二十二日のこととしている。安城城攻略直後のことになる。ただし「駿府記」慶長《けいちょう》十七年（一六一二）十一月十九日条（『史籍雑纂第二』二三八頁）に、九歳の時（天文十九年）、「又右衛門」という人物に五〇〇貫文で売られて、駿府に行った、とする家康の談話がある（柴裕之『青年家康』）。

これによれば駿府行きは、同十九年のことであったことになる。竹千代の駿府居住後、岡崎領の統治は今川家が担うが、それは同十九年六月から確認されている（愛10 一七三八）。残存史料の都合にもよるが、ちょうど時期が合致していることからすると、あるいは竹千代の駿府行きは、同十九年のことであったという可能性もある。またその談話では、売り渡されて駿府に行った、とある。この売り渡しの実態は判明しないが、家康がそう認識するような事態があったのであろう。あるいは面白おかしくするために、幾分話を盛ったものかもしれない。

しかしそれは、駿府行きにともなうものであった。すると、売り渡されて織田家に送られた、という話は、ここから派生したものと考えられるし、かつそれは織田家に関してではなかったことがわかる。ここらあたりも、年少期の家康に関する所伝には、伝説的な要素がふんだんに盛り込まれていることが認識できる。実態はどうであったのか、今後におけるさらなる追究をまたねばならない。

今川家従属の国衆の立場

ともかくも竹千代（家康）は、八歳か九歳の時に、今川家の保護下に置かれるにともなって、本拠の岡崎城を離れて、今川家の本拠・駿府に移ることになった。そして駿府での生活は、このののちほぼ十年におよぶのであった。そこでの竹千代の立場は、今川家に従属する国衆の岡崎松平家の当主というものであった。しかし年少のため、領国統治や家臣団統制を直接におこなうことはできないので、それらの政務は、在国の家老たちによっておこなわれた。『三河物語』などでは、あたかも今川家に領国を没収されたかのように記されているが、それは全くの誤りである。それは今川家支配下の状況を過酷なものとして描こうとする作為としかいいようがない。

松平家と岡崎領は、今川家の保護下におかれたことにともない、領国統治は今川義元（一五一九〜六〇）によって担われた。しかし義元が、何から何まで決裁にあたったのではもちろんない。実際の領国統治や家臣団統制は、松平家の家老たちによって担われていた。したがってそれは、広忠や竹千代が当主であった段階と、本質的に変わりはなかった。義元が担ったのは、松平家家臣に対する所領の給与や安堵《あんど》、家督相続の安堵、戦功に対する感状《かんじょう》（戦功を賞する文書）の発給、領国の寺社に対して所領や特権を給与や安堵する行為に限られていた。しかも松平家家臣に対して所領を安堵するにあたっては、「広忠の時の如く」（愛10 一七五二）というように、広忠段階を踏襲するものであったり、広忠死去後についても、家老阿部大蔵の差配を実行するものであったりと（愛10 一七九四）、松平家での取り決めを踏襲するにすぎなかった。そのような義元の行為は、いわば松平家の当主代行といいうる。年少のために政務をとれない竹千代に代わって、松平家の当主権限を行使したものといいうる。

とはいえ松平家に、新たな負担が発生しなかったわけではなかった。岡崎領は織田方への最前線に位置したため、今川家からは、譜代家臣や国衆などからなる在城衆が派遣された。その統率者が、譜代家臣の糟屋《かすや》豊後守《ぶんごのかみ》と山田景隆であり、彼らには岡崎領において、在城衆維持のための必要な物資などの徴発権が認められていた。今川軍による岡崎在城は、のちの永禄三年の尾張桶狭間《おけはざま》合戦まで継続された。しかしこれは、戦国大名の従属下にあった国衆として、しかも敵方への最前線に位置した国衆としては、基本的な在り方であった。国衆単独の軍事力では、敵方大名に対抗するのは難しかったため、軍事力支援として在城衆が派遣されたのであった。敵方への最前線から解放されれば、それはみられなくなった。国衆の本拠のすべてに、在城衆が派遣されたわけではなかった。したがってこの場合も、今川家からの軍事的保護と認識すべきなのである。今川家従属下での松平家の在り方は、国衆として一般的な在り方であったのである。

元服と今川家御一家衆との婚姻

駿府で成長した竹千代は、弘治《こうじ》元年（一五五五）もしくは同二年に元服した。一四歳もしくは一五歳のことになる。仮名《けみょう》は祖父清康《きよやす》のものを襲名して「次郎三郎」を称し、実名は今川義元から偏諱《へんき》を与えられて「元信《もとのぶ》」を名乗った。下字の「信」字は、岩津・安城松平氏の始祖・信光、曽祖父信忠、その弟信定、大叔父信孝（清康の弟）に因《ちな》んだものであろう。

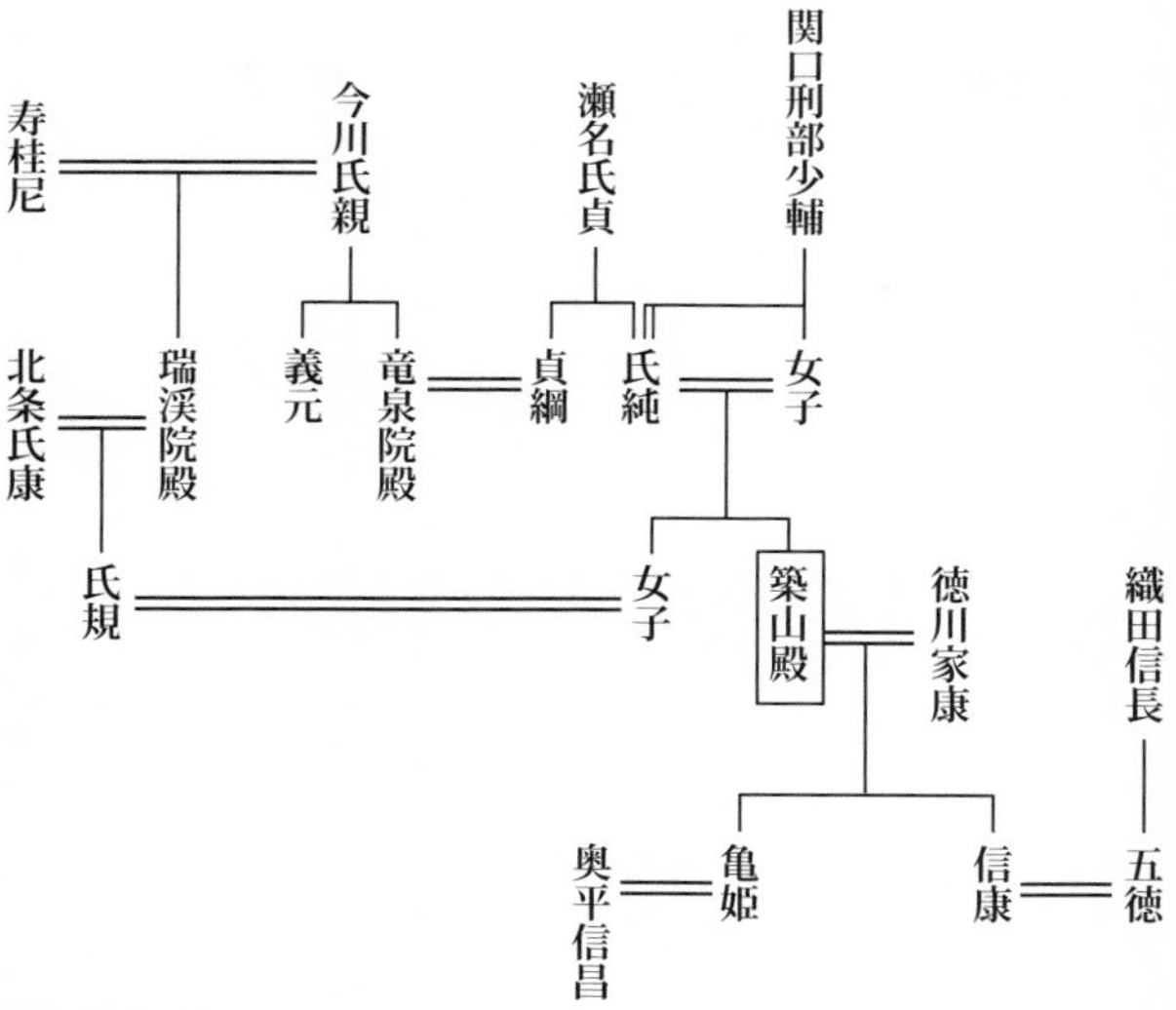

築山殿関係系図

その後さらに、永禄元年（一五五八）七月までに実名を「元康《もとやす》」に改名する。下字は祖父清康のものの襲名になる。そして同二年五月から十一月までのあいだに、安城松平氏の歴代の官途名《かんとめい》（朝廷の中央官にちなむ通称）の性格にあった「蔵人佐《くろうどのすけ》」を称した。こうして竹千代は、「松平蔵人佐元康」を名乗った。

　元服後、弘治二年もしくは同三年に、今川家御一家衆・関口刑部少輔氏純の娘、築山殿と結婚した。元康は一五歳か一六歳、築山殿の年齢は判明していないが、二歳ほど年上と推定されるので、一七歳か一八歳くらいであったと思われる（拙著『家康の正妻築山殿』）。関口刑部少輔家は、今川家御一家衆のなかでの序列は、成立期には第四位で、この頃には第五位くらいであったと思われるが、いずれにせよ有力な御一家衆であった。元康はその娘婿となったのである。これにより元康は、今川家御一家衆家の婿として、その立場は親類衆として存在したと考えてよい。同様の状況にあった国衆には、遠江高天神《とおとうみたかてんじん》小笠原家や三河西郡鵜殿《にしごおりうどの》家などの存在が想定される。しかし国衆のすべてが、御一家衆と婚姻関係を結んだわけではなかったから、そのような立場になった元康は、今川家においては優遇された存在とみてよい。

ところで元康が駿府に居住するようになったのは、八歳か九歳の時であった。その時に築山殿は一〇歳か一一歳であった。このことからすると、元康は駿府に移住したのち、しばらくのうちに築山殿と婚約した可能性を想定できる。大名家や国衆家の子女において、一〇代初めの婚約は、決して珍しいことではなかったからである。そうであれば元康は、駿府に移住した時から、そのような待遇をうけることが決まっていたことになる。今川家での元康の立場は、決して悲惨なものではなかった。

元服後の領国統治

元服直後にあたる弘治二年（一五五六）六月二十四日に、まだ実名を元信と名乗っていた元康は、領内大仙寺に寺領や諸特権を安堵する黒印判物《こくいんはんもつ》を出している（愛10 二〇二三）。これが元康の発給文書の初見になる。同時にこれが、元康による岡崎領統治に関する初見の発給文書になる。元康は元服を機に、自らの領国統治に着手した、ということになる。

ところが同文書は、「松平次郎三郎元信」と署名しながらも、署名下には黒印が捺《お》されている。しかもこの黒印は、大伯母・久《ひさ》（清康の姉）が使用したものであった。本文も前半部は、この時代では女性特有の仮名文字で記されている。すなわち同文書は、実際には久によって出されたものであった。元康は元服したことで、松平家当主の立場を確立し、政務にあたれるようになった。同文書もそうした状況をうけて出されたものと考えられる。しかし実際の発給は、久によるものであった。これはまだ元康が領国統治をする状況になく、久が当主を代行して出したものといえる。この時の久は、当主を代行する、「おんな家長」の立場にあったといえる。以前に戦国大名家・国衆家において家長権を行使した「おんな家長」を列挙したが、久は取り上げていない（拙著『戦国「おんな家長」の群像』）。

しかしこの久も、「おんな家長」として認識できる。

この時に元康が、なぜ領国統治にあたらなかったのかはわからないが、署名下に黒印が捺されていることからすると、まだ公文書の発給を開始するための儀式である「判始《はんはじ》め」をすませていなかったのかもしれない。「判始め」によって、社会人としての保証能力を示す花押《かおう》（サインのようなもの）を持つことになる。そして実際に、元康が花押を据えて出した公文書は、翌弘治三年五月三日付け（高隆寺への寺領安堵）からみられている（愛10 二〇五五）。ここにいたって元康は、名実ともに岡崎領統治を開始したのであった。そしてそれにともなって、今川義元による同領統治も終了をみている。

義元による岡崎領統治が確認できるのは、弘治二年九月に、松平一族の青野松平亀千代（家忠）に同家の家督と所領相続を認めているのが最後になっている（愛10 二〇二八〜九）。これはちょうど、大伯母久によって出された元康の初見発給文書と、元康が花押を据えて出した文書の初見のあいだに位置している。こうした状況からみると、元康の「判始め」がおこなわれたのを契機に、義元は松平家当主の代行を終了し、元康に領国統治を開始させたと考えられる。

こうして元康は、岡崎領支配を開始した。とはいえ居住は駿府のままであった。しかしこれも、今川家の親類衆の立場にあったことからすると、奇異なこととはいえない。今川家御一家衆は、国衆として存在していても、本拠ではなく、駿府に居住するのが基本であったからである（駿河駿東《すんとう》郡の葛山《かつらやま》家など）。このことからすると元康は、むしろ御一家衆に限り無く近い存在であったといっていいかもしれない。

もっとも桶狭間合戦までにおける発給文書は、先に触れた二通のほかは、わずか四通が残されているにすぎない。永禄元年（一五五八）七月に寺院に諸特権を安堵したもの（愛10二二〇七）、同二年五月に家中に公布した七ヶ条の定書《さだめがき》（愛10二二四五）、同年十一月に寺社に所領を返還したもの二通（愛10二二六一〜二）、である。残念ながらこれらだけからでは、元康の領国統治の実態については、ほとんどうかがうことができない。

そのなかで興味深い内容なのが、七ヶ条の定書であろう。これは家臣団統制に関わって出されたものになり、家臣の行動についての規定や、家臣同士の争いから発した元康への訴訟の在り方などを規定している。そのなかで特に注意されるのは、元康の判断に家老すべてが異議を唱えたものの、元康が聞き入れなかった場合には、家老たちは関口氏純と朝《あさ》比《ひ》奈《な》親徳《ちかのり》（今川家家老）に訴訟し、両者から元康に意見することを規定していることである。関口氏純は岳父であり、朝比奈親徳はおそらく、今川家からの指南（今川家と元康との連絡を担った、元康にとっての寄親《よりおや》・取次《とりつぎ》）とみなされる。元康も、両者から意見されれば、聞き入れざるを得なかったことがわかる。

岡崎領への帰還

永禄三年（一五六〇）五月、今川義元は尾張に進軍した。この時期における義元の立場は、「御隠居様」であった。のちの時期の史料には、「義元隠居屋敷」という文言もみえている（静8 七〇六）。すでに弘治三年（一五五七）正月には、家督を嫡男氏真《うじざね》（一五三八〜一六一四）に譲っていた。ただし隠居とはいっても、引き続き家長権を行使した。氏真は永禄元年から領国統治を担うようになるが、主として駿河・遠江を対象にしたもののようで、三河および軍事行動に関しては、引き続いて義元が管轄していた。前当主と現当主が分担しながら家長権を構成するという、いわゆる「両頭体制」がとられていた。そのため尾張への進軍は、義元が総大将となっておこなわれた。

元康は、今川方の最前線に存在していた国衆であったから、そうした立場にあった国衆の通例通り、先陣を務めた。そうして五月十九日の朝に、尾張に進軍し、丸根砦《まるねとりで》（名古屋市）を攻略したうえで、今川方の最前線拠点の一つとなっていた尾張大高《おおだか》城（同）に兵糧《ひょうろう》を搬入し、同城に在陣して義元本軍の到着を待った。ところがその日、桶狭間合戦で義元が戦死するという、予想外の事態になった。義元戦死をうけて今川軍は後退し、今川方になっていた尾張の諸城に在城していた軍勢も、退去した。元康も大高城から退去し、本拠の岡崎城に後退した。

この時の岡崎城にも、今川家から在城衆が派遣されていた。「松平記」では、今川家家老筆頭の三浦氏員《うじかず》と遠江国衆の引間《ひくま》飯尾《いのお》連竜《つらたつ》であったという。そして『三河物語』によれば、それら在城衆は退去していたことから、「捨て城」であるからとして、五月二十三日に元康は岡崎城に入城したという。そして『三河物語』は、これをもって今川家に「手切れ」（絶交）し、今川家から自立をとげた、としている。元康が合戦後に、岡崎城に入城したことは確かであろう。その際に、今川方の在城衆が退去したというのも確かと思われる。しかし元康の岡崎入城が、今川家への敵対をともなったというのは誤りである。元康はその後しばらくは、引き続いて今川方として存在していて、織田方との抗争を展開しているからである。

五月二十三日の入城が確かであったとすれば、入城は、いわば独自の判断でおこなったことであろう。しかしその後すぐに、駿府の今川氏真に了解を求めたに違いない。今川家の了解なしに、勝手に岡崎城に入城したら、それこそ今川家への敵対行為になるからである。そしてその際には、指南の朝比奈親徳と相談し、その取次をうけたことと思われる。あるいは退去するにあたって、朝比奈親徳ら今川家の家老たちが、そのように判断して、元康に要請してきたということも考えられる。

しかしともかくも、ここに元康はようやくに岡崎領への復帰を果たした。直後の六月三日に、元康は領内の崇福寺《そうふくじ》に、軍勢の違法行為の禁止などを保証する禁制を与えている(愛11 一三)。これは軍事行動にともなって出されたものであり、それを元康が出したということは、岡崎領の平和は元康が担うことを表明するものであった。ここに元康は、岡崎領を全く自力で維持するものとなった。これは国衆としては本来の在り方であったといえるが、元康は桶狭間合戦という不測の事態を契機に、はからずもその立場を確立するものとなった。

今川家からの自立

元康は岡崎領に帰還したのち、ただちに織田方との抗争を展開したようである。七月二十八日に家老の酒井忠次《ただつぐ》(一五二七~九六)は、筧重成《かけいしげなり》に戦功を元康に報告することを伝えている（愛11 二二）。その戦功は、尾張知多《ちた》郡におけるもので、刈谷《かりや》・緒川《おがわ》水野信元（元康の母方伯父、?～一五七五）とのあいだのものであった。元康は八月一日に筧重成と坂部正家に同地での戦功を賞する感状を与えている（愛11 二四～五）。その後も今川方と織田方では、三河・尾張国境地域で抗争が展開された。これは織田方の勢力が、西三河にも及ぶようになったことを示している。そして西三河の尾張寄りの高橋郡地域は、やがて織田家の領国に併合され、その支配を、織田家家老の佐久間信盛《さくまのぶもり》が担うことになる。

三河刈谷領や高橋郡域は、元康の岡崎領に接する位置にあった。元康は、まさに敵方への最前線に位置することになってしまった。今川家は、九月から十一月にかけて高橋郡域に軍勢を派遣しているものの、本格的なものではなかった。そのため元康は、全くの自力で岡崎領の防衛にあたらなければならない状態になったといえる。そうしたなか同年九月に、越後《えちご》長尾景虎《ながおかげとら》（のち上杉謙信《けんしん》、一五三〇～七八）が関東の相模北条《さがみほうじょう》家の領国への侵攻を開始してきた。氏真は、相模北条家・甲斐《かい》武田家と駿甲相三国同盟を結んでいて、そのため北条家への援軍派遣をおこなうとともに、自らも出陣することにした。氏真にとっては、三河での織田方との抗争よりも、妻の実家である北条家への支援のほうが、優先事項であった。実際にも氏真は、翌年三月に、北条家への援軍として自ら相模に向けて出陣するのであった。

しかしこれでは元康は、まさに単独で織田方との抗争にあたらなければならなくなる。織田方との全面戦争の展開は、元康にとって困難なことであったろう。そのため元康は、永禄四年二月頃に、織田信長（信秀の嫡男、一五三四〜八二）と和睦を結んだとみられている。これによって元康は、織田方との抗争を終息させることができ、自らの領国の維持を果たすことになった。しかしこの和睦は、もちろん今川氏真の了解を得たものではなかった。今川家の対応次第では、今川家と「手切れ」となり、今川家との全面抗争となる懸念があった。実際にもその後、そのように展開していくことになる。しかし元康にとっては、それは覚悟のうえであったに違いない。今川家と抗争するよりも、織田家との抗争のほうが、領国の確保にとってリスクが高いと判断したのであろう。

同年三月には、元康は室町幕府将軍足利義輝《あしかがよしてる》（一五三六〜六五）に、初めて通信している。これは足利義輝から各地の大名・国衆に出された、馬を進上するようにという要請に、いち早く応えたものであった。元康は幕府将軍と直接的な関係を形成することで、今川家から自立し、独立した政治勢力としての地位を確立しようとしたものであろう（柴前掲書）。そして閏《うるう》三月には、三河での反今川勢力を服属させて、その進退の保証を約束している。

続けて四月になると、三河吉良《きら》家一族の荒川義広からの要請を容《い》れて、今川方の西尾城（西尾市）を攻略し、東条吉良家への攻撃を開始した。そして四月十一日、今川家の三河における拠点の一つであった牛久保城（豊川市）への攻撃を開始した。

これは明確に、今川家への敵対行動となった。今川氏真はこれについて、「松平蔵人敵対せしめ」（愛11 一二二二）「松平蔵人逆心」（同 一二二三）「岡崎逆心」（同 一二三〇）と表現し、明確な叛乱と認識した。そして元康への報復を開始することになる。ここに元康は、今川家に対して明確に敵対し、同時に今川家からの自立を果たした。しかしそれは、これから足かけ九年におよんで展開される、今川家との本格的な抗争の始まりでもあった。

第二章　三河統一と戦国大名化

今川方との抗争開始

元康《もとやす》は、永禄《えいろく》四年（一五六一）四月十一日に、牛久保城攻撃を開始した。これは同城を本拠にする国衆《くにしゅう》・牧野成定《なりさだ》の一族、牧野平左衛門入道父子の内応をうけてのことであったようだ（愛11一〇六）。しかし同城の攻略は果たせなかった。十五日には、元康は田峯《たみね》領の国衆・菅沼小法師《すがぬまこぼうし》（定吉）を従属させた（愛11一〇五）。元康は今川家からの自立後、三河において今川家に替わる大名権力としての途《みち》を歩み出したことがわかる。そして五月には、遠江《とおとうみ》寄りの八名《やな》郡・設楽《したら》郡で今川方との抗争がみられた（愛11一五九・一六一・一二三六）。この地域では八名郡嵩山《すせ》西郷正勝が元康に味方してきており、また野田領の富永・広瀬・宇利（新城市《しんしろし》）などで合戦がみられているので、野田菅沼家も今川家から離叛《りはん》した可能性もある。

しかし六月には、作手《つくで》領の国衆・奥平定能《おくだいらさだよし》（一五三七～九八）は今川家への忠節をあらためて明確にし（愛11 一二三・一二七～九）、牛久保城への在城衆を強化した（愛11 一三〇）。今川氏真《うじざね》は、当初は元康の叛乱とみていたが、それに味方する勢力が出てきたことで、この情勢を「三州過半錯乱」「三州錯乱」と認識した（愛11 一三一・一四二）。対して元康は、青野松平家家老の松井忠次《ただつぐ》（のち松平康親《やすちか》、一五二一～八三）に幡豆《はず》郡東条津平《つのひら》（西尾市）に築城させ、譜代家臣の本多《ほんだ》広孝《ひろたか》（一五二八～九六）に同郡小牧（同）に築城させ（愛11 一三二～三）、東条領の確保をすすめている。

七月に入ると、今川氏真は西郡《にしごおり》領（蒲郡《がまごおり》市）の守備を強化し（愛11 一三八）、また嵩山西郷家を攻撃した（愛11 一三九）。対して元康は、元は松平家領で、現在は奥平家領になっていた山中《やまなか》（岡崎市）の攻略をすすめた（愛11 一四〇）。次いで八月九日には西郡領に侵攻し、同領の国衆・鵜殿長照《うどのながてる》の本拠、上之郷《かみのごう》城を攻撃した（愛11 一四九）。九月四日に同領大塚城を攻撃したが（愛11 一九九）、いずれも攻略はできなかった。

逆に今川氏真は、九月十日に嵩山西郷家を攻撃し（愛11 一六二）、翌十一日に西郷正勝・元正父子を戦死させ、西郷家に打撃を与えた（平野明夫「戦国期の徳川氏と三河国八名西郷氏」）。十月になると自身も三河に進軍することを表明する（愛11 一六三）。また奥平家は、田峯領の島田（新城市）に侵攻して（愛11 一七五）、田峯菅沼家を圧迫した。氏真による反撃もすすんできた。しかし十二月に、元康は野田領の菅沼定盈《さだみつ》を味方につけるのであった（愛11 一七六）。菅沼定盈は、それ以前から今川家から離叛していたが、ここで再び離叛していることからすると、その間に一旦は帰参していたのかもしれない。

こうして元康の今川家への叛乱には、田峯菅沼家・嵩山西郷家・野田菅沼家などが味方し、その影響は三河全域におよぶものとなった。そのため氏真は、この状況を「三州錯乱」と認識し、その鎮圧に乗り出してきた。元康は、岡崎領全域の回復をすすめるとともに、東条領の攻略、西郡領の攻略をすすめていた。しかし今川方の反撃も手強く、嵩山西郷家は大きな打撃をうけ、翌五年正月には、田峯菅沼家が今川家に帰参してしまうのであった（愛11 一八一）。元康の今川方への攻撃は、必ずしも順調というわけではなかったとみなされる。

将軍からの和睦勧告の行方

ところで今川氏真は、元康の討滅を必ずしも期してはいなかったらしい。目的はあくまでも、三河の回復にあったように思われる。駿府《すんぷ》には、元康の嫡男竹千代《たけちよ》（信康《のぶやす》、一五五九～七九）が居住したままであったが、氏真はこれを殺害していない。元康の行為を絶対に許せないと考えていたならば、ただちに殺害してもおかしくなかろう。しかし氏真はそうしなかった。「松平記」では、いつ殺害されてもおかしくなかったが、外祖父にあたる関口氏純《うじすみ》が懸命に助命を嘆願し続けた結果、としている。しかしそれよりも史料性の高い『三河物語』は、関口氏純の外孫だったから殺害されることはなかった、と記している。

実際にも氏真は、竹千代殺害などは考えていなかったに違いない。それは竹千代が、御一家衆・関口氏純の外孫で、その家族であったからであろう。『三河物語』の内容はその意味においてあっているといえよう。そもそも元康は、今川家御一家衆の姻戚として、親類衆の立場にあり、三河の国衆として最有力の存在であった。そのため氏真は、松平家を滅亡させるのでなく、温存することを考えていたのではないか。そしてその際に、今川家御一家衆の血を引いた竹千代を、元康に代わる新たな松平家当主として擁立する余地を残していたように思われる。

そのうえで氏真は、将軍足利義輝《あしかがよしてる》に、元康との和睦の周旋を要請した。足利義輝はこれに応じて、永禄五年正月二十日に、氏真と元康の和睦成立を命じる御内書《ごないしょ》（将軍が出す略式の命令書）を出した（愛11 一八四～七）。しかもそれは、当事者の氏真だけでなく、氏真と密接な同盟関係にあった北条氏康《ほうじょううじやす》（一五一五～七一）・武田信玄《たけだしんげん》（一五二一～七三）にも送られた。氏康と信玄には、氏真に意見して和睦を成立させるよう要請していた。そしてこの御内書を届ける使者として、公家の三条西実澄《さんじょうにしさねずみ》らが派遣された。同様の御内書は、元康にも届けられたであろうが、それは現在残されていない。

この和睦命令は、氏真の要請で出されたと考えられる。元康にも命令が出されたに違いないが、元康はそれを無視するからである。御内書の日付が正月二十日であるから、足利義輝への要請は、遅くても同月の初めか、あるいは前年末頃にはおこなわれていたと考えられる。ちょうど氏真が、自身の三河進軍を表明したことにあわせてのことであったように思う。氏真の目的は、元康と和睦を成立させて、三河の情勢を沈静させることであったろう。義元戦死をうけて、領国では代替わりにともなう政務が山積していた。そうしたなかで三河での軍事行動の展開は、避けたかったに違いない。そのため元康を追討することはせず、和睦でよしと考えたのではなかったか。

しかし元康は、足利義輝の和睦勧告をうける前か後かはわからないが、二月六日に西郡領の鵜殿家を滅亡させて、西郡領を経略するのであった（愛11 一八九）。その直後には氏真も三河に進軍してきて、二月十六日には軍勢の濫妨狼藉《らんぼうろうぜき》の禁止を保証する禁制を小坂井《こさかい》八幡社《はちまんしゃ》（豊川市）に与えている（愛11一九二）。実際にも氏真は二月には進軍してきたことが確認され、野田領富永城を攻撃している（愛11二三七）。また鵜殿家滅亡に際して、鵜殿長照の子氏長・氏次は元康方に捕縛された。そのためこののち、竹千代との人質交換がおこなわれる。これは氏真が三河に進軍していたことで、すんなり実現したのであろう。

その後、両勢力の抗争は確認されていない。わずかに四月七日に氏真が野田領の富永城を攻略し、五月七日に同城が反今川方から攻撃されていることが知られるにすぎない（愛11二二三・二三八）。元康と今川方の抗争は、七月にならないと確認されない。

その間の五月一日に、北条氏康は元康方の水野信元と元康の家老・酒井忠次に書状を出して（愛11一一～二）、和睦に応じるよう勧告している。そこでは氏真から援軍要請をうけていて、それに応じる用意のあることをちらつかせている。氏康は御内書を与えられたことをうけて、和睦勧告にあたっているので、御内書が届けられたのは、四月のことであったかもしれない。

こうした状況からすると、足利義輝の和睦勧告は、元康が西郡領を経略したのちに、元康らに届けられた可能性が高い。そしてそれをうけた北条氏康が、五月に和睦を勧告していることをみると、その時点ではまだ和睦は成立していなかったとみなされる。こののち、実際に和睦が成立したかどうかは確認できない。

しかし七月に、今川方は野田領富永・広瀬で再び合戦しているので、依然として野田菅沼家との抗争は続いていたとみられる（愛11二三二）。そうしたところに二連木《にれんぎ》領の戸田重貞が今川家から離叛し、元康に従った（愛11二二四）。そして同月二十六日に、嵩山西郷家の堂山《どうやま》城（豊橋市）が今川方に攻略された（愛11二三九・二七四）。さらに八月二十二日、西郡領大塚城も今川方に攻略された（愛11二四二）。九月二十九日には宝飯《ほい》郡八幡《やわた》（豊川市）で合戦があり（愛11二五〇〜三）、十一月九日には元康が大代《おおじろ》（岡崎市）を攻撃している（愛11二五四〜六）。

こうして七月頃から、元康と今川方の抗争は再開された。五月の時点で和睦は成立していなかったから、和睦は成立しなかった可能性が高い。たまたま抗争に関する史料が残されていないだけなのであろう。元康と今川方との抗争の過程については、まだ十分に解明されているとは言いがたい状態にあるが、元康がなかなか今川方の反攻を撥《は》ね返せない状態にあった、とはいえるであろう。

信長との同盟強化と家康への改名

むしろ情勢は、今川家に優位にすすんでいたといってよい。そうしたなかで元康は、永禄六年三月二日に、嫡男竹千代と信長の長女・五徳《ごとく》（一五五九〜一六三六）との婚約を成立させたという所伝がある（「徳川幕府家譜」『徳川諸家系譜第一』所収）。竹千代・五徳ともにまだ五歳にすぎなかった。この事実については、残念ながらまだ当時の史料で検証されていない。しかしこれが事実であれば、この時に婚約を成立させたのは、織田信長との同盟の強化をはかってのことであろう。

信長とは二年前に同盟を結んでいたものの、その間に具体的な交流などは確認されていない。そうするとそれは、停戦和睦に等しく、互いに軍事支援をおこないあうものでなかったように思われる。しかし現在の元康にとって、今川方の反攻を撥ね返すためには、大きな軍事支援の獲得が必要であった。そのため竹千代と五徳の婚約を成立させ、織田家との同盟を、互いに軍事的に支援しあう攻守軍事同盟に変化させることを考えたのであろう。

一方の今川氏真は、四月十日に家臣に対し、「三州急用」を表明して、それまで免除していた負担について、特別に負担させることにしている（愛11二七九）。「三州急用」とは、氏真が三河に進軍することであり、それにともなって、それまで免除している負担について、臨時に負担させる措置であった。それは今川領国全体を「惣国」と概念化することで、その維持のために通例以上の軍事負担を強いることを正当化したものであった（糟谷幸裕「今川氏の永禄六年」）。それだけ氏真は、多くの軍勢と戦費を集めようとしたのであった。

これは氏真が、前年に続いて、再び自身で三河に進軍することを表明したものであった。氏真は、五月二十六日にも家臣に「三州急用」を名目に、それまで免除していた負担について、臨時に徴発することを命じている（愛11 二八六）。すでに氏真は、五月十二日には三河に進軍していたとみなされる。その日、宝飯郡御油《ごゆ》（豊川市）で松平軍と今川軍の合戦がおこなわれている（愛11 二九六）。この合戦は偶然に勃発したもののようで、今川軍の先陣が後退させられたなか、氏真の旗本軍で側近の三浦正俊が奮戦して、松平軍を撃退したという。

この情勢をうけて、六月に、重臣で上野城《うえの》（豊田市）の酒井忠尚《ただよし》が叛乱した（愛11 二九四）。氏真の進軍に呼応しての行動であろう。氏真がいつまで三河に在国していたのかはわからないが、この時には帰国していたことであろう。氏真はその後、七月二十四日には北条家への援軍として自身出陣し、月末にはその本拠・小田原（小田原市）に着陣し、八月二日に氏康が在陣していた相模大神《さがみおおがみ》（平塚市）まで進軍している（静7 三三二七）。氏真がいつまで在陣したのかはわからないが、九月から十月のことと推測される（拙編『北条氏年表』）。

これは元康にとっては幸運であった。ただでさえ劣勢を強いられていたところに、酒井忠尚の叛乱をうけたのである。これに氏真が支援に出てこられたら、大いなる苦戦を強いられることになったであろう。元康には運が付いていた。そして元康は、ちょうどこの時期、六月から十月までのあいだに、実名を「家康」に改名した。これは、かつて今川義元から与えられた偏諱《へんき》を捨てたことになる。そのためこれは、今川家からの自立を敢然と表明したものと考えられる。

とはいえ戦国大名から与えられた偏諱を、その大名家と敵対関係になったからといって廃するという行為は、新たに従属した先の戦国大名家から偏諱を与えられる場合ならともかく、基本的にはみられない。ということはそれだけ、この時点で、家康は今川家との決別を強く表現する必要があったのであろう。また廃した「元」字に変えて上字《うえじ》にした「家」字の由来は、明確でない。けれども元康は清和源氏《せいわげんじ》の子孫を自認していたこと、対する今川家は清和源氏・源義国《よしくに》の子孫であったから、今川家への対抗にあたり、義国の父・義家から採ってきた可能性が高いと思われる。

「三河一向一揆」の試練

しかし家康をめぐる戦況は、好転しなかった。十月になると、幡豆小笠原広重が敵対した。また一旦は没落していた東条吉良《きら》義昭が、東条城を奪還して敵対した。さらにこれに、有力な松平氏一族の桜井松平家・大給《おぎゅう》松平家・大草松平家などが同調した。それまで家康に従っていた勢力のなかから、多くの離叛者がでたのである。彼らは必ずしも家康に心服していたのではなく、情勢の都合で家康に従っていたにすぎなかったのだ。家康の今川家との抗争が、劣勢になってきたため、家康を見限ったといってよい。

家康はそれら敵対勢力の鎮圧に乗り出すが、その際に、諸負担を免除していた一向宗寺院にも、軍事負担を課したらしい。これは今川家での「三州急用」と同じ事態で、領国の存亡を懸けた軍事行動のため、臨時に負担を強いたのである。ところがこれに一向宗寺院が反発し、敵対した。さらには家康方に攻撃をかけてきたのであった。十一月末か十二月初めのことであった。これがすなわち「三河一向一揆」の勃発である（村岡幹生「永禄三河一揆の展開過程」柴裕之編『徳川家康』所収・柴裕之『徳川家康』など）。

しかも家康の譜代家臣のなかには多くの一向宗門徒がいたため、それらの多くが叛乱に加わってしまったのである。これによって家康の家臣団はたちまちに大分裂を引き起こした。家康にとってこれは、まさに存亡を左右する極めて危機的な状況となった。しかし家康にとって幸運だったのは、ちょうどその十二月に、今川領国の遠江で、引間《ひくま》領の飯尾家をはじめとした遠江西部の国衆が、今川家に叛乱したのである。これは「遠州忩劇《えんしゅうそうげき》」と称されている。叛乱の理由は、三河と同様であったろう。「三州急用」として臨時の軍事負担を強いたにもかかわらず、家康を鎮圧できないでいたし、また遠く関東にも出陣があり、軍事負担だけが強いられ続ける状況になっていたことによろう。

　もし今川家が三河の叛乱勢力支援のために進軍してきたら、家康の存立が維持されたかはわからなくなったことであろう。しかし今川家は、「遠州忩劇」によってそれらの鎮圧にあたらなければならなくなり、三河に進軍する余裕はなくなってしまった。これにより家康は、国内の叛乱勢力の鎮圧に専念できることになった。家康の強運さが認識される。

　そして永禄七年正月から、一向宗勢力への攻撃を展開した。一向宗勢力やそれに与同した敵対勢力は、それぞれ籠城戦を基本にしていて、決して岡崎領に侵攻してくることはなかった。それらの勢力は、家康に叛乱したものの、それを打倒することまで考えていなか

三河一向一揆関係図。平山優『徳川家康と武田信玄』をもとに作成

った。今川家から支援をえられないと、家康に正面きっては対抗できなかったのである。そのため家康としては、個別に攻略していくという戦略をとることができた。

まず二月末から三月初めにかけて、水野信元の仲介によって一向宗寺院との和睦が成立した。水野信元は母方の伯父にあたるものの、三河刈谷《かりや》・尾張緒川《おわりおがわ》両領を統治する国衆で、織田家に従属する存在であった。その信元が岡崎領に出陣してきて、一向宗寺院との和睦の仲介にあたるとともに、その後では西三河南部に進軍して、敵対勢力の攻略をすすめてもいる。信元の立場からして、織田信長の承認なしに家康の領国に進軍することはできなかったであろうから、これはいわば、織田信長からの援軍派遣と認識することができる。

和睦の条件は、寺院存続を保証することであったようであるが、中心的な三ヶ寺に対しては本願寺教団からの離脱を求めたらしい。しかしこれに三ヶ寺は反発したため、それらについては国外追放の処置がとられた。家康の譜代家臣であったものも、帰参したものもいれば、帰参することを受け容《い》れずに国外に退去したものもあり、必ずしも家臣団が元の通りに再生されたのではなかった。また続けて、桜井松平家次・大草松平昌久・東条吉良義昭らは四月頃には降伏し、いずれも国外退去した。

その一方、二月二十七日には作手領の奥平定能が従属してきている（愛11 三五二）。今川家の三河進軍がみられないなか、家康による敵対勢力への攻勢をみてのことであろう。四月七日には幡豆小笠原広重が降参のうえあらためて服属した（愛11 三六〇）。さらに五月に二連木戸田重貞に所領を安堵《あんど》して服属を確定し（愛11 三六四）、六月には、酒井忠次や本多広孝に、今川家の東三河支配の拠点である吉田領・田原領を与えていることから、同領への経略を開始したことがうかがわれる（愛11 三七七・三八〇）。そして七月には、大給松平親乗《ちかのり》（一五一五〜七七）の服属が確認され（愛11 三八五）、九月には酒井忠尚も降参し、国外退去したとみられている（村岡前掲論文など）。

三河の統一へ

こうして家康は、叛乱勢力をことごとく服属させ、あるいは国外追放した。同時に作手奥平家を従属させ、吉田領・田原領の経略を開始するなど、政治勢力の拡大に転じている。家康にとって、「三河一向一揆」は大きな試練であった。しかし今川家の三河進軍が不可能という幸運のもと、その鎮圧を遂《と》げることに成功した。それにともなって、他の松平氏一族や、西三河での有力者を、すべて譜代家臣として編成することに成功した。それだけでなく、国衆の作手奥平家を従属させるというように、国衆を従属させる存在になった。

これはすなわち、家康が戦国大名権力として成長してきたことを意味した。大きな試練を克服することで、さらに大きく成長したのであった。

その結果、永禄七年（一五六四）が終わる頃には、家康に従っていない三河の勢力は、今川家の三河における支配拠点であった、吉田城（豊橋市）・田原城（田原市）・牛久保城だけになっていた。家康は、すでに前年の六月に、吉田領については酒井忠次に、田原領については本多広孝に与えることにしていた。おそらくはそれぞれを中心に、経略がすすめられたことであろう。永禄八年正月二十日に吉田領で合戦がおこなわれており（愛11四〇八）、その頃には明確に攻撃がすすめられていたことがわかる。

もっとも家康が両領を攻略した時期については、判明していない。二月の時点では、両領はともに今川方にあった（愛11四〇九～一〇）。ところが三月十一日になると、酒井忠次が林十右衛門に吉田領の地を安堵しており（愛11四一二）、同月十九日には服属してきた牟呂兵庫助らに、今川方の吉田城代・大原資良《すけよし》と申し合わせたうえで、所領の給与を確約している（愛11四一三）。こうしたことからすると、この頃には吉田城・田原城をともに攻略し、吉田領・田原領の経略を遂げたと考えることができるであろう。

そして前年の約束通りに、吉田城には酒井忠次を城代として、吉田領の統治を管轄させ、田原城には本多広孝を城代として、同様に田原領の統治を管轄させた。すなわち一定領域の統治を管轄する、領域支配を担わせたのであった。もっともその内容については、これまで十分には解明されていない。しかしこのことによって、家康の領国支配が、それまでとは次元を異にするものになったことは確実にいうことができる。そもそも吉田領と田原領は、今川家の三河統治において、領域支配を展開する支城領として位置していた。家康はそれを踏襲したのである。

それまでの家康の領国支配は、本拠の岡崎城から一元的におこなわれるというものであった。それが吉田領と田原領を併合したことで、家老を城代に据えて、それに領域支配を管轄させることになったのである。すなわち支城領の展開である。家康もまた、支城領制を採用したのであった。そしてこれにともなってさらに、家臣団の軍事編成をおこなった。この時点で、家康の家臣団は、旧来の譜代家臣だけでなく、別家をなしていた「国衆」(三河の有力家臣にあたる)や松平氏一族をも加えて構成されるようになっていた。本来は岡崎松平家と同格であった「国衆」と松平氏一族は、譜代家臣と等しく家臣団に編成されたのであった。

そのうえで吉田城代の酒井忠次に東三河の「国衆」と松平氏一族を、家老の石川家成

〈一五三四〜一六〇九、のちに甥の数正《かずまさ》〈一五三三か〜九二か〉に継承〉に西三河の「国衆」と松平氏一族を、それぞれ軍事指揮下におかせるという、家臣団の軍事編成を構築したのである。酒井や石川は、それぞれにおいて「寄親《よりおや》」という立場についた。その役割は、軍事行動における軍事指揮だけでなく、家康からの命令を伝達し、それを監督する役割をも担っていた。家康による家臣団統制は、この二人の寄親を通しておこなわれるものとなった。ここにも家康の政治権力が、それまでにおける国衆としてのものでなく、多くの家臣団を統制する大名権力としてのものに、変化したことをみることができる。

「徳川家康」の誕生

永禄九年（一五六六）五月、家康は牛久保牧野成定を服属させ、所領を安堵した（愛11四九四）。これにより家康は、ついに三河一国（ただし高橋郡域の織田家領国を除く）の領国化を遂げたのである。すなわち、三河一国を領国とする戦国大名権力へと成長したのであった。

これにともなって家康の政治的地位は、三河の統治者、いわゆる「三河国主」となった。それまでの家康は、三河岡崎領を領国とした国衆という存在であった。そのため他者からは「岡崎」と、本拠地名で称されていた。しかし「三河一向一揆」の鎮圧戦を通じて、同等の立場であった、作手領の奥平家など他の国衆を従属下におくようになったことで、戦国大名権力へと展開し、そしてついに三河一国の領国化を遂げたことで、それからは「三州」と、国名で称されるようになる。それこそが国主の地位を表現するものであった。

そして家康は、この政治的地位を中央政界の政治秩序に反映させることをはかった。この時期、室町幕府将軍は不在であった。前年五月に足利義輝は三好家に殺害されていたためである。しかし直後から、その弟の一乗院覚慶《いちじょういんかくけい》（のち足利義秋・義昭、一五三七〜九七）がその政治勢力の継承を表明し、入洛への協力を畿内近国の大名・国衆に呼びかけた。家康もその一人で、その年の十一月に、覚慶の近臣・和田惟政《これまさ》に、入洛の際は従軍することを返事している（愛11四五八）。すでに家康が、幕府から独自の政治勢力として認識されていたことを示している。

覚慶から元服した足利義秋は、同九年七月にも上洛をはかった。その時には、従軍する大名として、美濃一色義棟《みのいっしきよしむね》（斎藤竜興《たつおき》）・尾張織田信長にならんで、「三河」と、家康の名があげられている（愛11五〇五）。ところがこの時の上洛計画は、信長が一色家との抗争を優先したために沙汰止みになり、足利義秋は越前《えちぜん》朝倉義景《よしかげ》を頼って越前に赴くのであった。義秋の上洛が実現していれば、家康はそのもとで国主の身分に相応《ふさわ》しい政治的地位を獲得できたことであろう。しかしこの将軍候補は、当面、政治世界から遠ざかってしまった。

そのため家康は、将軍家の姻戚として幕府内でも重きをなしていた、公家筆頭の摂関家・近衛前久《このえさきひさ》（一五三六〜一六一二）を頼って、朝廷に叙位・任官、さらには苗字の改称を要請するのであった。そして十二月二十九日に、朝廷から、従五位下《じゅごいげ》の位階と、三河守《みかわのかみ》の受領名《ずりょうめい》（朝廷の地方官にちなむ通称）を与えられた（愛11 五三五）。ただし実際は、翌年正月三日に勅許《ちょっきょ》されている（愛11 五四一〜二）。ここで家康が任官した三河守は、「三河国主」の政治的地位を表明するに適当な官職であった。本来ならば、幕府から守護職に任命されるのが最も適切であったが、当時は将軍は不在であったため、それに匹敵するものとして、領国の受領名を獲得したのであった。

そしてこれと同時に、苗字を松平氏から徳川氏に改称した。松平苗字は、国内に数多く存在していて、それらはすべて家康の家臣になっていた。そのため家康は、家臣と同じ苗字を称するかたちになっていた。しかしそれでは彼らとの政治的地位の違いが明確にならない。そのため自身のみ、苗字を改称することを考えたのであろう。そして採用した苗字が、徳川であった。これは祖父清康《きよやす》が、一時期、清和源氏新田氏流の世良田《せらた》苗字を称していたことにちなんだものであろう。徳川（得川）氏と世良田氏は、新田氏同族であった。ただし本姓は、それまで称していた源姓から、「藤原」に改姓することになった。叙位任官の申請を、藤原氏の近衛前久から申請してもらったことで、その氏人（藤原氏の一員）として叙位任官をうけたという体裁がとられたためであった。そのため家康は、この後しばらくは藤原姓を称するものとなった。家康は本来は、世良田苗字への改称を望んでいたとみられるが、世良田氏の嫡流筋の得川《とくがわ》氏は、藤原姓に改姓していた。そのため徳川苗字が選択されたとみなされている（岡野友彦『源氏長者』）。

ともかくも家康は、ここに「徳川三河守家康」と名乗ることになった。叙位任官および苗字改称を近衛家の申請によっておこなったことは、将軍不在のため、家康としても苦肉の策であったろう。しかしこれにより家康は、新興の三河の戦国大名家に相応しい身分的地位の獲得を果たしたのであった。

第三章　**織田信長との関係の在り方**

「清須同盟」の真実

家康は永禄《えいろく》四年（一五六一）二月頃に、織田信長と同盟を結んだ。当時、信長は尾張清《おわりきよ》須《す》城（名古屋市）を本拠にしていたため、この同盟は「清須同盟」などと称されている。もっともこの同盟成立の時期について、当時の史料で確認できるわけではない。『史料綜覧　巻十』（東京大学史料編纂所編）にそのように記されていることが、継承されているにすぎない。けれどもその直後に、家康が今川家に敵対することから、それは信長との和睦なしでは無理と考えられ、そのためこの時期における同盟の成立は、基本的には妥当と考えられている（谷口克広『信長と家康』）。

次いで同五年正月に、この同盟成立にともなって、家康は信長の本拠・清須城を訪問したことが伝えられている。その典拠について、前掲の『史料綜覧』には、「岡崎古記」「伊東法師物語」があげられている。しかしそれらの史料の信頼性は高くはない。そもそもこの当時、家康は三河で今川方と抗争を展開しており、そのようななかで清須城を訪問する余裕はなかったに違いない。しかもこのことについて、『信長公記《しんちょうこうき》』など織田方の史料には全くみえていない。そのためこれは事実ではないと考えられる（平野明夫『徳川権力の形成と発展』・谷口前掲著書）。

そもそも独立国家の国王にあたる戦国大名・国衆《くにしゅう》が、他者の本拠を訪問することは、婚姻関係の形成にともなう、婿入り訪問・舅《しゅうと》入り訪問以外、基本的にはありえない。何らかの事情で会談が必要であれば、その場合には両国の国境地域で行われた。他者の本拠への訪問は、それへの出仕《しゅっし》を意味し、それは服属儀礼とみなされたからである（拙著『家康の正妻　築山殿』）。この時期の信長と家康との関係は、基本的には対等の同盟関係であったと考えられるので、この時に家康が清須城を訪問したとは考えがたい。

もっとも当初は、同盟とはいいながらも、実態は停戦和睦であったと考えられる。互いに軍事支援などはおこなわれていないからである。それが攻守軍事同盟へと展開するのは、同六年三月に、家康嫡男の竹千代《たけちよ》（信康《のぶやす》）と信長長女の五徳《ごとく》との婚約を契機にしてのことと考えられる。これにより両家は、婚姻関係をもとに一心同体の性格になったからである。前章で触れたように、同年から翌年にかけて、織田家の従属国衆の水野信元が援軍として三河に進軍しているのは、その結果とみることができる。そして結婚は、それから四年後の同十年五月二十七日におこなわれたと伝えられている。これにより家康と信長は、婚姻関係にもとづいた強固な攻守軍事同盟を確立させた、とみることができる。

この家康と信長の同盟関係は、信長が死去する天正《てんしょう》十年（一五八二）まで、およそ二十年におよんで継続された。しかしその政治関係の性格は、時期を経るのにともなって、変化した。当初は対等の同盟関係にあったが、やがて信長を上位、家康を下位とする上下関係が生じることになる。それにともなって家康は、織田家に従属する「織田一門大名」という立場になるのであった。本章ではその具体的な経緯と、関係の在り方の変化について、取り上げていこう。

足利義昭に従う

家康は、第一章で触れたように、信長との同盟を成立させた直後となる永禄四年（一五六一）三月に、室町幕府将軍足利義輝《あしかがよしてる》との通信を成立させていた。これは今川家からの自立をはかって、将軍家に直属する政治勢力として自らを確立しようとするものであった。足利義輝は同八年五月に死去し、その後継者に位置したのが、弟の義昭《よしあき》（当時は法名覚慶《ほうみょうかくけい》、のち元服して実名義秋《よしあき》、次いで義昭に改名）であった。家康はこの義昭の政治勢力に属した。前章で触れたように、同年十一月、義昭から入洛するにあたって従軍を要請され、それに応じることを返事している。

続いて義昭は、同九年七月にも入洛を図り、その時にも家康は従軍の要請に応じている。そこでの家康の扱われ方は、美濃一色家《みのいっしき》（もと斎藤家）・尾張織田家と並ぶものであった。すでに家康は三河一国を領国とする戦国大名としての立場を確立しており、それにともなって、ともに一ヶ国を領国としていた一色家・織田家と対等の戦国大名として扱われていたのである。この時期の義昭に従う諸国の戦国大名・国衆家を列挙した名簿にも、「松平蔵人《くろうど》元康〈三河〉」と、家康の名があげられている（『戦国遺文今川氏編』一九二一号）。

なおここで家康は、旧苗字と旧官途で記されているが、前章で述べたように、家康の叙任と苗字改称は、近衛前久《このえさきひさ》を通じておこなわれたものであった。それは幕府将軍は関知しないなかでのことであった。そのため義昭側は、家康の叙任と苗字改称を承認していなかったので、そのまま旧称で称したものになる。義昭はその後もしばらくは、家康については「松平蔵人」と称し続けていく。義昭が「徳川三河守《みかわのかみ》」の呼称を承認するのは、天正元年（一五七三）七月までまたねばならない（柴裕之『徳川家康』）。

義昭は信長からの協力が得られなかったため、一旦、越前《えちぜん》朝倉義景《よしかげ》を頼って、越前に退去した。信長は永禄十年八月に美濃一色家を攻略し、美濃一国を経略するとともに、一色家に味方した伊勢《いせ》北部をあわせて経略した。そうして美濃に本拠を移し、美濃・尾張・伊勢三ヶ国を領国とする大規模戦国大名に成長した。この領国規模は、京都以東の畿内近国においては、越前・若狭《わかさ》・近江《おうみ》北部を領国とした朝倉家に匹敵するものとなった。そして信長は、「天下布武」（幕府再興）をスローガンに掲げて、義昭の上洛実現に取り組んでいった（柴裕之『織田信長』）。

義昭は上洛実現を目指すにあたり、信長以外にも協力を要請していたが、そのなかで有力視していたのが越後《えちご》上杉輝虎《てるとら》（のち謙信《けんしん》、一五三〇〜七八）であった。義昭は永禄九年二月に、北条《ほうじょう》家に輝虎との和睦を要請している。これは輝虎から出された要求とみなされる。北条家はこれにあたって、武田《たけだ》信玄《しんげん》を加えた「三和」を要請した。義昭はそれを踏まえて、あらためて北条家に輝虎との和睦を命じると、北条家は武田信玄にも命令するよう要請した（拙著『北条氏政』）。義昭は同十年二月になると、上杉・北条・武田「三和」について、再び強く要請しはじめた（上I 五五〇）。

そして同年七月になると、上杉輝虎は信長が美濃を攻略したという情報を得て、信長に通信している（愛11 五六三）。すでに信長と輝虎は、永禄七年十一月に同盟を成立させていた（上I 四四一〜二）。輝虎は、信長の美濃攻略をうけて、信長が武田家領国に侵攻すると見立てているので（愛11 五六八）、輝虎に武田家との和睦の考えは全くなかったらしい。しかし信長は、すでに同八年十一月に武田信玄と同盟を結んでいた。信長養女の竜勝寺殿《りゅうしょうじでん》（美濃苗木《なえぎ》遠山直廉《とおやまなおかど》娘、？〜一五七一）と信玄四男の諏方勝頼《すわかつより》（のち武田勝頼、一五四六〜八二）との結婚をともなっていた。これは信玄と信長が美濃で衝突するのを回避するためであったが、義昭の上洛支援のために連携したものでもあった（上I 六一〇）。

広がる家康の政治関係

義昭と信長は、このことを踏まえたうえで、上杉輝虎に武田信玄との和睦を要請していたのであったが、輝虎は承知しなかったといえる。しかもそこに、今川氏真《うじざね》と家康が加わってきた。氏真は、永禄十年（一五六八）十二月に、信玄との手切れを見越して、輝虎からの通信に応じて、同盟に同意した（静7 三四三四）。これは同年十月に、信玄嫡男の武田義信《よしのぶ》（一五三八〜六七）が死去したことをうけて、氏真は信玄との手切れを構想するようになったことにともなう。義信の妻は氏真の妹（嶺寒院殿《れいかんいんでん》）で、義信の死去（実際は病死とみなされる）を信玄の命による自害ととらえ、そのためこれを信玄による今川家への敵対行為ととらえたのであった（拙著『武田信玄の妻、三条殿』）。

そしてこれに続いて、翌十一年三月までに、家康が輝虎に通信している。その時期に上杉側から返事が出されているので（愛11 六四四）、家康からの通信はそれをさかのぼる。内容は「駿州（今川家）・貴州（徳川家）の御間」のことというから、今川家との抗争において、輝虎の支援を獲得しようとするものであったろう。氏真が輝虎と通信したことを知っていたなかでのことかはわからないが、図らずも氏真と家康の両者は、ほぼ同時期に輝虎に支援を要請するかたちになった。もっともその後、輝虎と氏真の通信はおこなわれるが、家康は上杉側の返事に、しばらく対応していない。上杉側に返事するのは、一年後になる（愛11 六三五〜六）。家康に返事を疎《おろそ》かにさせる事情が生まれたに違いない。

おそらくそれは義昭上洛であろう。信玄と氏真は、同年四月には双方で手切れは必至と認識するようになっていた（静7 三四五六）。そして七月に、義昭の上洛について信長と朝倉義景の合意が成立し、義昭はいよいよ上洛の準備に入った。義昭はそれを輝虎に報《しら》せている（上Ⅰ 六〇九）。義昭は同年八月に越前を出立し、信長の本拠・美濃岐阜《ぎふ》城（岐阜市）の近くに到着した。九月に信長は義昭を擁して岐阜城を出陣した。率いた軍勢には、家康から派遣された軍勢も含まれていた。家康自身は今川家への対応のため出陣できなかったものの、家臣を派遣した。これは義昭からの軍事動員に応える姿勢をとったものになる。家康は義昭に従う戦国大名として、行動したのであった。

なおその間の永禄十一年正月十一日に、家康は朝廷から左京大夫《さきょうのだいぶ》の官途を与えられている（愛11 五八九）。この任官も、幕府将軍を経由しないでおこなわれたものとみなされる。そのためその官名呼称の使用は、朝廷社会に限定されていたことが明らかにされている（藤井譲治「徳川家康の叙位任官」）。これも三河守と同じく、義昭からは承認されていない。また周囲の政治勢力からも承認されなかったらしく、他者からは三河守で称され続けている。「左京大夫」の官途名は、戦国大名の身分的地位に相応《ふさわ》しいもので、近隣では武田信《のぶ》虎《とら》・信玄父子や北条氏康《うじやす》・氏政《うじまさ》（一五三九〜九〇）父子などが称していた。任官について、家康が要請したのか、朝廷が便宜したのか判明しないが、のちに家康も自ら使用しているので、家康自身は認識していたことは間違いない。しかしあくまでも朝廷に対してであった。この左京大夫任官の実態については、まだまだ不明なところが多いのが実情である。

「信長の意見に従う人」

家康は永禄十一年（一五六九）十二月から、武田信玄と協同して、今川家領国の遠江《とおとうみ》への侵攻を開始した。ここから信玄との政治関係が本格的に展開していくことになるが、それについては次章で具体的に取り上げる。その過程で、家康がすでに経略していた地域に武田軍の進攻がみられ、これに家康は怒り、同十二年正月までのうちに信玄に抗議するのである。その一方で家康は、二月には、今川氏真の退去先であった遠江懸河城《かけがわ》（掛川市）を攻囲した。そして五月九日に今川氏真およびそれを支援する北条氏政と、和睦を成立させ、懸河城を開城させてしまうのであった。

信玄は駿河《するが》に侵攻したのち、駿府《すんぷ》を攻略したものの、今川家支援のために進軍してきた北条軍の攻勢をうけて、駿府周辺を確保したのみで、四月二十八日に一旦、甲斐《かい》に帰陣していた。そうしたなかで家康が今川氏真・北条氏政と和睦してしまったのである。信玄はそれを明らかな契約違反行為と認識した。家康による和睦交渉は三月には開始されていたらしく、それを把握した信玄は、三月二十三日付けで、信長家臣の市川十郎右衛門尉《えもんのじょう》に書状を出し（愛11 六四七）、信長から家康に意見してもらえるよう要請している。

そこでは家康について、「家康は専《もっぱ》ら信長の御異見をえらるる人に候《そうろう》」と、家康は信長の意見に従う人だ、と述べている。そのうえで家康が「掛川」（今川氏真）と和睦することは不審であり、そのことについて信長の見解を問いただしている。信玄は家康を、信長の配下の存在とみなしていたのであった。そのため家康の不審の行動について、その上位に位置するとみていた信長の見解を問うているのである。

信玄は、家康を対等の戦国大名とはみていなかったのである。信玄にとって対等の交渉相手は信長で、家康はその配下とみていたのだ。今川家領国の経略についても、信玄は信長と取り決めしていたらしい。同年七月に信長が上杉輝虎に宛てた書状で（上Ⅰ六一〇）、信玄との同盟の経緯について述べていて、そこで「駿遠両国（今川家領国）」について「子細を契約した」ということを触れている。ここからすると今川家領国攻略の取り決めは、信玄と信長とのあいだでおこなわれたもので、家康は信長の指示をうけて、実際に今川家領国の経略にあたったと考えられる。ちなみに該当史料の年代について、従来は永禄十一年に比定されていたが、最近は同十二年に比定されるようになっている（菊池敏雄「美濃攻略における信長の外交」）。

信玄が家康を対等の政治勢力として認識していなかったことは、同十一年末に、実際に今川家領国に侵攻するに先立って、信玄と家康とで同盟が締結された際に、家康からは、家老筆頭の酒井忠次《ただつぐ》の娘が武田家に人質に出されていたことからもうかがわれる（『戦国遺文今川氏編』二三八〇号）。武田家からは人質は出されていないので、両者の関係が対等ではなかったことを端的に示していよう。またこれを家康も受け容《い》れていることから、家康としてもそれに甘んじなければならない状況にあったのだろう。

信長の軍事指揮下に入る

家康は元亀《げんき》元年（一五七〇）になると、実際に信長の軍事指揮下に入ることになる。正月二十三日、信長は畿内近国の戦国大名・国衆らに、義昭への奉公のためとして、上洛を命じた。その二番目に、「徳川三河守殿」として家康の名があげられている（愛11 七〇〇）。この軍事動員の命令主体は、名目的には義昭ではあったが、実際は信長であったことはいうまでもない。そして家康はこれに応じて、初めて上洛するのである。上洛にあたっては、まず信長の本拠・岐阜城に参向したことが伝えられている（中村孝也『家康伝』『新訂徳川家康文書の研究上巻』）。

ここで家康が岐阜城に参向したことは、両者の関係の変化を示すものとして重要である。

さらに四月、信長は京都から越前に侵攻するが、家康はそれに従軍した。いわゆる越前朝倉家攻めである。ここに家康は、信長のもとに自身参陣し、その軍事指揮に従う存在になった。しかし越前での軍事行動は、北近江浅井《あざい》家の離叛《りはん》により、信長軍は敗退し、京都に後退した。信長は五月に岐阜城に帰陣した。家康も同様に、京都に帰着したのちに、新たな本拠にしていた遠江見付《みつけ》城（磐田《いわた》市）に帰陣したと思われる。家康は前年、遠江一国の経略を遂《と》げると、遠江国府の所在地であった見付に、新たな本拠を構築していて、九月には完成していた（海老沼真治「武田・徳川氏の今川領国侵攻過程」柴裕之編『徳川家康』所収）。最終的な完成はこの年・元亀元年春のことであったともされるが（「当代記」）、いずれにしてもこの時には、本拠を岡崎城からこの見付城に移していたとみてよいだろう。

ところが六月、家康はその本拠を、浜松（もと引間《ひくま》）に移すことになり、引間古城の再興を開始した。しかもそれは信長から意見されたためであった（「当代記」）。すなわち家康は、信長の意見に従って、新たに築城したばかりの見付城を捨てて、浜松城に本拠を移したのであった。家康の浜松城の居城化は、このような経緯によるものであった。一般的な戦国大名の場合、本拠を移すことを、他者の意見をうけておこなうということはない。ところがここでの家康は、信長から意見され、それに従っているのである。このことから家康は、一般的な戦国大名とはいえない立場になっていたとみなされる。

それはすなわち、信長の配下にある存在となっていたといいうる。家康と信長は同盟関係にあった。また家康が上洛したり、信長の軍事指揮に従ったのは、名目的には、家康も義昭を支える諸国の戦国大名としての立場にあることによるものであった。しかしながら義昭の軍事行動は、信長が管轄した。そのため家康の軍事行動も、信長の管轄下でおこなわれた。ここに信長と家康とのあいだに、明確な上下関係が生じることになった。家康が信長本拠の岐阜城に参向し、かつその軍事指揮下におかれたという状況は、客観的にみれば、家康が信長に服属する関係になった、ということであった。

家康が本拠を浜松城に移すことにした六月、信長は浅井家攻めのため北近江に出陣する。家康はこの時も信長のもとに出陣し、同月二十八日の姉川《あねがわ》合戦に参加している(家康上一六二)。合戦は織田・徳川軍の勝利で、信長は七月四日に京都に帰陣し、同月七日に岐阜城に帰還した。家康も同様に、京都に帰陣し、そこから浜松城に帰還したことであろう。しかし家康の畿内近国への出陣はさらに続いていた。信長は八月二十日に、いわゆる三好《みよし》三人衆《さんにんしゅう》追討のために摂津《せっつ》に進軍するが、家康はそれにも従軍した。これには義昭も出陣したから、家康は義昭に従軍するというかたちにはなった。信長は、大坂本願寺の蜂起、朝倉・浅井軍の南近江侵攻をうけて、九月二十三日に摂津から京都に帰陣する。家康もそれと同様であったろう。

その在陣中の九月十四日に、家康は義昭から御内書《ごないしょ》を与えられていて、家康の摂津参陣についての軍忠を賞されている（家康上 一六三）。興味深いのは、この出陣には、信長からは「無用」といわれていたものの、家康が以前に義昭に誓約した「約諾旨」に従って、家康は出陣したと記されていることである。この文言を見る限り、家康の畿内近国への出陣は、あくまでも義昭を支援し、それに従ってのことであったことがわかる。けれどもそこでの軍事行動は、すべて信長の管轄下でおこなわれたため、信長に服属する関係が生み出されていったのであった。

信長の配下大名になる

そして家康が、信長に従属する大名の立場にあることが明確化されたのは、元亀二年（一五七一）八月二十八日における、嫡男信康の元服にあった、といいうる。この日、嫡男竹千代は十三歳で元服した。元服にともなって、仮名《けみょう》は「松平三郎」を称し、実名は「信康」を名乗った。信康は家康の嫡男であったが、苗字は「徳川」でなく、旧苗字の「松平」を称した。これは徳川苗字は、家康一人だけが称するものとなっていたことを示している。しかしこのことの意味については、十分に理解できていない。当主が苗字を改称する事例は、他家にもみられたが、やがては嫡男や一門衆も改称するのが一般的である。ところが家康が、子どもの一部（秀忠《ひでただ》・義直《よしなお》・頼宣《よりのぶ》）に徳川苗字を認めるのは、関ヶ原合戦後のことになる。これは家康にとって、徳川苗字がどのような性格にあったかを考える必要を示していよう。

それはともかくとして、ここで注目しておきたいのは、信康の実名の成り立ちである。これはいうまでもなく、信長から偏諱《へんき》（実名の一字）を上字《うえじ》として与えられたものになる。このように偏諱を上字として与えられる場合は、偏諱を与える側が主人筋にあたり、与えられた側はその家来筋にあたったことを意味した。したがってここで家康が、嫡男の実名に信長から偏諱をうけたことは、徳川家が織田家の配下に位置していたことを明確に示すことになる。

もちろん家康は、信長に対して、明確に従属を誓約する起請文《きしょうもん》を提出したり、人質を提出したりはしていない。その意味で家康の立場は、完全に信長の従属下に入ったとはいいがたい。けれども信長が上位にあり、家康がその下位にあったことは明確であり、この偏諱は、そのことが端的に示された事態とみることができる。

同様のことは、従属国衆について信長から承認をうけていることにもみることができる。天正元年（一五七三）八月、家康は三河作手《つくで》領の奥平定能《おくだいらさだよし》・信昌《のぶまさ》（一五五五～一六一五）父子を従属させ、進退などを保証する起請文を与えている（愛11 九〇二）。戦国大名が、従属してきた国衆に、そのような起請文を与えるのは普通のことであった。しかしこの起請文が特異なのは、信長から了解をうる内容について記されていることにある。最後の七条目に、信長からも従属を承認する起請文を獲得すること、武田家領国の信濃伊那《しなのいな》郡の経略について信長に申し入れること、などが記されている。

これは奥平家の従属について、信長からも承認をうける必要があったことを示している。こうしたことが奥平家の場合に限ったことなのか、そうでなかったのかはわからないが、少なくともこの場合から、家康への国衆の従属は、家康と当該の国衆とのあいだで完結するのではなく、信長の承認を必要としていたことがわかる。これも事実上、家康が信長の配下に位置しており、それへの従属国衆は、広い意味で織田家の政治勢力を構成することになるため、信長の承認が必要であった、とみれば納得できるであろう。

最後にもう一つだけあげておきたい。天正三年五月の三河長篠《ながしの》・設楽原《したらがはら》合戦の前後に、家康は長女亀姫《かめひめ》（一五六〇か～一六二五）を奥平信昌と結婚させることを取り決めた。嫡男信康はこれに不服で、信長から家康に結婚取りやめを意見してもらうことを要請した。しかし信長は、家康の意見に賛成であることを示し、信康を諭した、ということがあった（『三河物語』）。これは信康が、家康の意見を変えさせようとして、信長から意見してもらおうとしたものになる。嫡男の信康でさえもが、家康は信長からの意見に従わざるをえなかったことを認識していたことがわかる。

こうしたことからみて、すでに家康は、実質的に信長の配下に位置する存在になっていたといいえよう。その端緒は、信長と信玄による今川家領国についての取り決めにあったとみることができるかもしれない。そうするとその直後に、武田信玄が家康のことを「信長の意見に従う人」と認識していたことは、あながち間違ってはいなかったともいえる。

「織田一門大名」の立場

家康と信長の関係にみられた格差は、その後、天正三年（一五七五）十一月に、信長が従三位《じゅさんみ》・権大納言《ごんのだいなごん》に叙任され、将軍相当の官位について、名実ともに「天下人」となったことで、決定的になった。信長はその二年前に、足利義昭を畿内近国から追放し、「天下」

統治を担うようになったことで、事実上の「天下人」として位置していて、ここにそれに相応しい官位についたことで、その立場を名目的にも確立したのであった。

これにより家康は、「天下人」信長に従属する戦国大名の立場になった。それまで信長とは、身分的には対等の同盟関係にあった。そのため信長と家康とのあいだで交わされた書状の書札礼《しょさつれい》（文書を出す際の身分的ルール）においても、信長から家康に宛てたものは対等のかたちがとられていた。しかし信長の「天下人」化を契機に、明確に配下の者に対するものに変化した。家康から信長に宛てたものについても、それまでは目上に対するかたちをとっていたものの、直接に宛てていたが、その後では家臣を宛名にした披露状の形式に変化していることがわかっている（平野前掲書）。

すでにそれ以前から、家康は信長の配下に位置するようになっていた。そのため家康から信長に宛てた書状は、目上に対するかたちがとられていた。対して信長からのものは、他大名に対するのと同じく、あくまでも対等のかたちがとられていた。しかし信長の身分的地位が「天下人」となったことで、信長は他国の戦国大名に対しても、明確に上位者の立場になった。将軍相当の地位についたのだから、それは当然のことであった。それにともなって家康の立場も、明確にそれに従う存在となったのである。

そして織田政権での地位は、織田家一門衆と同等とされた。「天下人」確立以前は、信長は家康に宛てた書状では「徳川三河守」と苗字も記していた。これは他家に対する書き方であった。ところがその後は、単に「三河守」と通称のみを記すようになっている。この書き方は、苗字を同じくする一門衆に対する書き方になる。家康は織田苗字を称していたわけではなかったが、一門衆と同等の扱いをうけたとみることができる（平野前掲書）。したがって家康の織田政権での地位は、単に「天下人」に従属する戦国大名というのではなく、「天下」統治を主宰する織田家の一門大名に位置したといいうる。

それは嫡男信康が、信長の娘婿であったことにともなっている。信康は天正七年に家康により殺害され、それにともなって信康妻の五徳《ごとく》は織田家に戻った。この信康殺害については第六章で詳しく取り上げる。この事件によって、家康と信長の姻戚関係は解消されてしまった。しかし信長はその後も、家康を変わらず、一門大名として処遇し続けた。そこに信長の、家康に対する、一定の尊重の態度をみることはできるかもしれない。

とはいえ、家康は織田家に人質を出すことはなかった。本拠への参向も、元亀元年（一五七〇）での畿内近国への出陣にともなうもの以降では、天正九年四月に、その時に信長の本拠になっていた近江安土城《あづち》（近江八幡市《はちまん》）に参向しようとしたことがあったが（愛11

一四三七)、実際に参向したのは、同十年五月になってのことである。これは三月の武田家滅亡にともない、武田家領国の駿河を信長から与えられ、それへの御礼のための参向であった(同 一五一二)。これにより家康は、信長から領国を与えられる立場になった。それは明確な主従関係が成立したことを意味した。その後、家康の立場はさらに、織田家への従属度を高めていったことであろう。しかしそう展開していく前に、織田信長が本能寺の変で死去してしまい、やがて織田政権そのものが瓦解してしまうのであった。

第四章　三方原合戦の真実

武田信玄との盟約

永禄《えいろく》十一年（一五六八）十二月、家康は今川家領国の遠江《とおとうみ》への侵攻を開始した。この遠江への侵攻過程については、近年に確認された「科註拾塵抄」奥書《おくがき》という史料によって詳しく知ることができるようになっている（海老沼前掲論文）。それによると家康は、十二月十七日に遠江に侵攻し、引間《ひくま》（浜松）領東方の、天竜川に近い端和《はしわ》（浜松市）に進軍した。二十一日に遠江東部の馬伏塚《まむしづか》城（袋井市）の国衆《くにしゅう》・小笠原氏興《うじおき》が従属し、出仕《しゅっし》してきた。これをうけて遠江国衆のほとんどが、家康に従属してきた。そのため今川方として残ったのは、懸河《かけがわ》城と宇津山城（湖西市）のみという状況になった。これをうけて家康は二十七日に、天竜川を越えて不入斗《いりやまず》（袋井市）に進軍した。同所は懸河城とは川を挟んだ対岸に

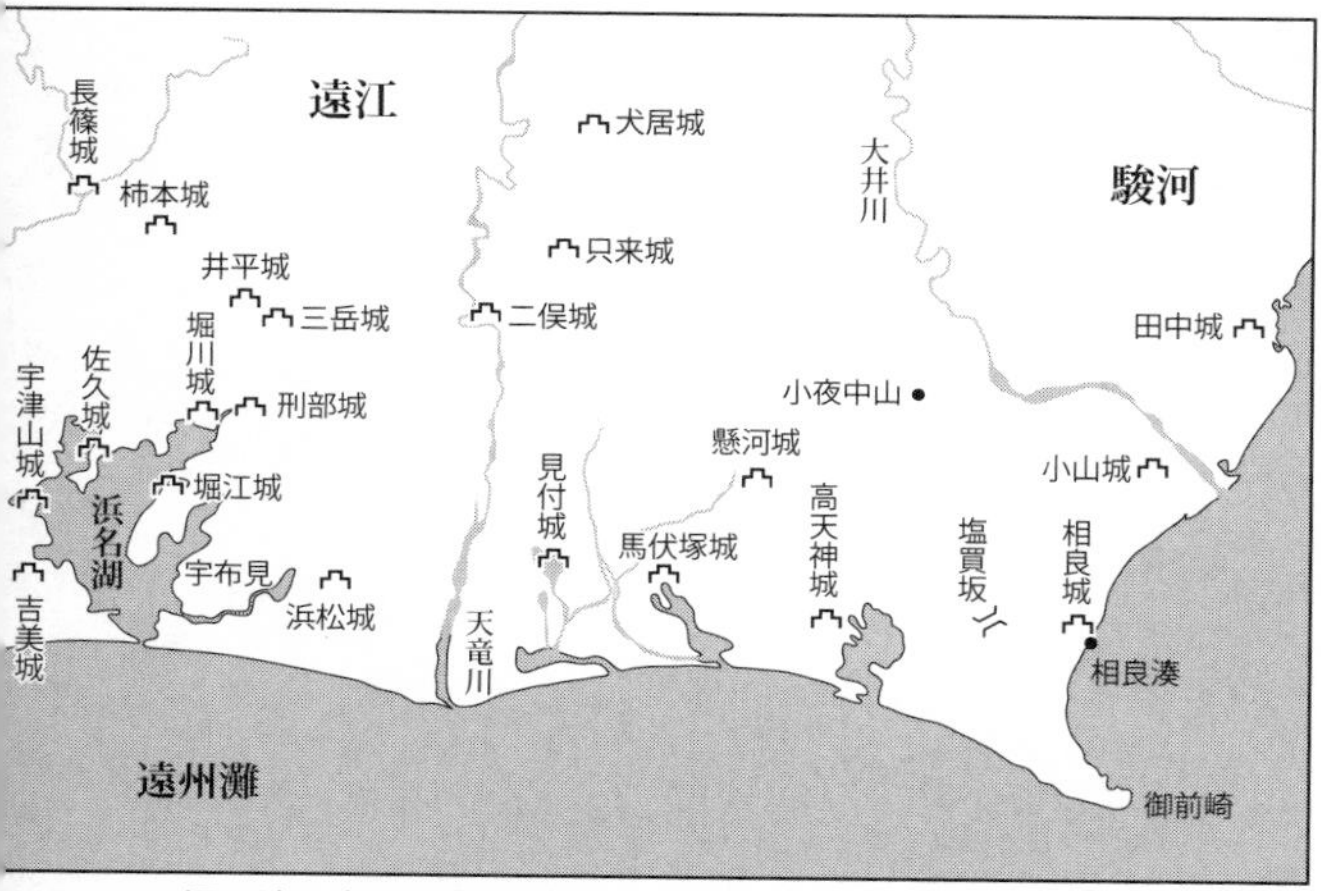

三河・遠江主要城郭図。平山優『徳川家康と武田信玄』をもとに作成

位置した。

この時、懸河城には今川氏真《うじざね》が、本拠の駿府《すんぷ》から退去して在城していた。家康は早くもその懸河城攻略に向かったのであり、懸河城に対して付け城を数ヶ所構築し、翌年正月から同城攻撃を開始した。今川氏真は遠江国衆に対して味方するよう要請し、これに遠江西部の堀江城の大沢家・中安家、それに近辺の堀川・刑部《おさかべ》・気賀《きが》（浜松市）の在地勢力が呼応して蜂起した。さらに懸河城東方でも在地勢力による一揆が蜂起し、懸河城を攻囲する徳川軍に抵抗した。家康は順調に国内経略をすすめていたが、思わぬ抵抗をうけることになった。しかし五月九日に、今川氏真およびそれを支援する北《ほう》

条氏政《じょううじまさ》と和睦を成立させ、同十五日に同城を開城させた。今川氏真は同城から北条家の勢力下におかれていた駿河《するが》駿東《すんとう》郡に退去した。これをうけて家康は、宇津山城を攻略するなどして六月には国内の平定を遂《と》げた。そうして七月一日から、新たな本拠として見付《みつけ》城の築城を開始するのであった。

こうして家康は、永禄十一年十二月の侵攻から、同十二年六月までのほぼ半年ほどで、遠江一国の経略を遂げた。これにより家康は、遠江・三河二ヶ国を領国とする戦国大名に成長した。そしてこの遠江侵攻は、武田《たけだ》信《しん》玄《げん》と協同してのものであった。信玄は十二月六日に駿河に進軍し、駿河経略をすすめた。今川氏真が駿府から懸河城に没落したのも、この武田軍の侵攻をうけてのことであった。すなわち家康と信玄は、今川家領国に侵攻することを取り決め、ほぼ同時期に軍事行動を展開したものになる。そしてそれは、前章で触れたように、織田信長と信玄の取り決めによるものであった。信長は実際には遠江に侵攻できないので、家康がそれを担当した、というものであった。

侵攻に先立って、家康と信玄のあいだで、種々の取り決めを申し合わせた起請文《きしょうもん》が交換されたことであろう。そしてその「契約の証拠」として、家康から信玄に、家老筆頭の酒井忠次《ただつぐ》の娘が人質に出された。こうした段取りを経て、家康の遠江侵攻はおこなわれたのであった。

家康と信玄互いの不信

ところが侵攻開始から一ヶ月も経たないうちに、家康と信玄のあいだに不協和音が生じるのである。ところで両者の今川家領国への侵攻に関して、あらかじめ「川切り」による領土分割が取り決められていた、とする見解がある。これは江戸時代成立の史料にみえていることから、これまでそのことは信じられてきた。しかし当時の史料をもとにした検討により、そうした取り決めがされていた形跡はなかったことが明らかになっている。そこでは家康も信玄も、ともに「手柄次第」(経略した者がその後の統治をおこなう)とされていて、信玄が遠江を経略することも、逆に家康が駿河を経略することも、互いに了解し合っていたことがわかった(丸島和洋「武田信玄の駿河侵攻と対織田・徳川氏外交」)。

にもかかわらず、侵攻開始から一ヶ月も経っていない、永禄十二年（一五六九）正月初めには、家康は信玄の軍事行動に抗議している。武田家家老の秋山虎繁《とらしげ》を主将とする武田軍が遠江に進軍してきていて、家康はその行動に抗議したのである（愛11 六二五）。しかしそれは、これまでいわれてきたような、遠江は家康の担当分であり、それを侵犯したため、といったことではなかった。経略は互いに「手柄次第」とされていたからである。家康が抗議したのは、武田軍の進軍が、すでに家康が経略した地域に対しておこなわれたためであった。しかも家康はこの時、信玄が遠江領有を望んでいることを理由にかかげていた。家康としては、すでに遠江の大半の経略を遂げていた実績をもとに、遠江は徳川家の領国化したという認識にあり、そのため武田軍の行動を、遠江経略をはかるものとして非難したのであろう。

信玄はこの家康の抗議をうけて、謝罪した。これをうけて家康と信玄はあらためて起請文を交換することになり、二月十六日には家康の起請文が信玄に届けられ、これをうけて信玄から家康への起請文が出された（愛11 五九四・『戦国遺文武田氏編』一三六七号）。しかしその直後、両者のあいだで新たな外交問題が生じた。駿府近辺の安倍山で蜂起していた今川方と、武田家は和睦をむすんで人質交換したということがあった。これを知った酒井忠次は、武田家家老の山県昌景《やまがたまさかげ》に抗議し、それについて弁明する書状が、同月二十三日に酒井に宛てて出されている（同前一三六九号）。そこで酒井は、その行為を「最前の首尾相違」（以前の取り決めへの違反）として抗議したことが記されている。その内容は、互いに今川方と勝手に和睦しない、というものと考えられる（丸島前掲論文）。

家康側にとっては、度重なる武田側の契約違反行為と認識されたのである。ところが今度は家康が契約違反をおかす。今川氏真およびそれを支援する北条氏政と、和睦交渉をすすめるのである。「松平記」は三月八日に氏真に和睦を申し入れたことを記している（静7　三六五八）。ただしこのことについて、いまだ当時の史料では確認できていない。ともあれ和睦交渉は、基本的には今川家支援のため駿河に進軍してきていた北条氏政とのあいだですすめられ、五月九日には成立している（静7　三七三六）。江戸時代成立史料にはそれ以前の日付を伝えているものもあるが、当時の史料で確認できるのは、その九日である。

そして十五日に懸河城は開城し、今川氏真は北条家に引き取られ、北条方の武田方への最前線拠点になっていた駿河東部の蒲原《かんばら》城（静岡市）に移った。その後は沼津、次いで大《おお》平《ひら》城（沼津市）へと移っている。氏真の懸河城出城の際は、酒井忠次が北条方に人質を出し、家康と氏政のあいだで起請文が交換されている。しかも家康は、氏真と氏政に「無二入魂《じっこん》」を誓約したのであった（愛11 六五九）。これは家康が氏真・氏政と停戦和睦を成立させたことを意味する。同盟関係まではいかないが、互いに「入魂」を誓約しあっているのだから、少なくとも停戦が成立したことは確実である。

これは信玄との関係からすれば、明らかに契約違反であった。今度は家康が契約違反をしたのである。信玄はこれに抗議したに違いない。それだけでなく五月二十三日付けで、信長家臣に宛てて事情を連絡するとともに、信長の見解を問いただす書状を出した（愛11 六五八）。すでに信玄は、家康が今川氏真と和睦交渉を開始していることを把握した際に、和睦を工作していることは不審であり、そのことを信長はどう考えているのかと問いただしていた（愛11 六四七）。ここではさらに、せめて家康に、氏真と北条氏康《うじやす》・氏政父子に敵対の態度をとるようはたらきかけることを要請している。前章で触れたように、信玄は家康のことを、信長の意見に従う人と認識していたので、信長に家康へ意見することを求めたのであった。

上杉輝虎（謙信）との同盟

しかしながら家康には、信玄との政治関係を改善する気はほとんどなかったようである。

信玄との政治関係がこじれるようになっていた永禄十二年（一五六九）二月十八日に、家康は上杉輝虎《てるとら》の家老・河田長親《かわだながちか》に、前年の書状への返事を出している（愛11 六三五～六）。家康は同十年末頃に、家康と今川氏真との関係に関して輝虎に通信をはかり、同十一年三月にそれへの返事をうけていたが、その後は放置していた。ところがここにきて、にわかに返事を出しているのである。これは信玄との関係悪化を見据えて、それと敵対関係にあった輝虎と交誼を結んでおこう、というものであったに違いない。

もっとも家康と信玄の関係は、表面的にはしばらく継続した。元亀《げんき》元年（一五七〇）正月の書状では（静7 三五六三）、駿河で敵方に残っているのは花沢城（焼津《やいづ》市）だけになったことを報《しら》せたうえで、隣国の関係にあることをもとに入魂を求めている。同月に信玄が信長に出した書状では、家康が氏真・氏政と数度におよんで起請文を交換した事実を把握したことを報せたうえで、家康の行為を「大悪」と非難し、かつ信長が家康に援軍を派遣していることをなじっている（丸島前掲論文参照）。

そして家康と信玄の同盟関係は、同年四月を最後に確認されなくなっている。家康側近家臣で武田家への外交を担当した一人であった榊原康政《さかきばらやすまさ》（一五四八～一六〇六）が、同じく武田家で徳川家への外交を担当していた土屋昌続《つちやまさつぐ》に宛てた書状で、互いに同盟継続に尽力しあうことを申し合わせている（同前）。しかしこれをもって家康と信玄の通信は途絶えることとなる。かわりにみられたのが、同年八月における家康と上杉輝虎の同盟交渉の展開であった。

この時の輝虎は、織田信長と北条氏政と同盟関係にあった。信長と輝虎は、すでに永禄七年には同盟関係を結んでいた。輝虎と氏政の同盟は、信玄の駿河侵攻にともなって氏政から要請してきたもので、同十二年六月に一応の成立をみていた。ただしその六月に、信玄は義昭・信長に輝虎との和睦周旋を要請し、信長はそれを容《い》れて、輝虎に信玄との和睦を要請している（上Ⅰ 六〇八）。これは「甲越和与《こうえつわよ》」と称されて、しばらく和睦交渉がすすめられたが、元亀元年三月に輝虎が氏政との同盟を確定したことにともなって、七月に武田家からの使者を成敗し、武田家との交渉を断絶させていた。これにより信玄は、北条家と上杉家と敵対関係になっていた。

家康は、北条氏政とは和睦関係にあった。そのうえで輝虎に和睦締結をはたらきかけたのであった。交渉は家康側からおこなわれた。それをうけて八月二十二日付けで、輝虎は徳川家の外交担当の家老・酒井忠次と松平氏一族の大給《おぎゅう》松平真乗《さねのり》（親乗《ちかのり》の子、一五四六～八二）に返事を出している（愛11 七二五～六）。そこで、今後は申し合わせていく意向を示された。ここから具体的な同盟交渉が開始され、そして十月八日には、家康から謙信《けんしん》（輝虎の出家名、同年九月が初見）に宛てて起請文が出された（愛11 七三九）。そこで家康が謙信に誓約した内容は、次の二ヶ条であった。

一、信玄に手切れすることを家康は深く思い詰めているので、決して態度を変えたり裏切ったりすることはない。
一、信長と輝虎が入魂になるようできるだけ助言し、武田家と織田家（「甲尾」）の縁談についても破棄になるよう意見する。

ここに家康は、謙信との同盟を成立させたのであったが、それはまさに対信玄のための戦略によるものであった。家康はそこで、信玄とは手切れすること、信長と信玄との縁談を破棄させることに尽力することを誓約したのである。ちなみに信長と信玄との縁談というのは、信長嫡男の寄妙丸《きみょうまる》（信忠《のぶただ》、一五五七〜八二）と信玄五女の松姫《まつひめ》（一五六一〜一六一六）との婚約にあたる。それは信長と信玄の同盟の証しであったから、家康は、信長と信玄の同盟自体を破棄させたいと考えていたことがわかる。

信玄との手切れ

こうして家康は、信玄との同盟破棄に踏み切った。家康がいつ、信玄に手切れしたのかは判明していないが、上杉謙信に起請文を出してしばらくのうちにはおこなわれたであろう。信玄はこのことをひどく恨みに思い、二年後に徳川家領国への侵攻を展開したことについて、「三ヶ年の鬱憤《うっぷん》を晴らす」ものと述べるのである（愛11八二〇）。信玄が、いかに家康の行為に腹を立てていたかがわかる。けれども家康は、信玄に手切れしたとはいえ、積極的な攻撃には出ていない。対する信玄もすぐには家康への攻撃をおこなっていない。

この時の信玄は、北条家との抗争にかかりきりになっていた。そしてそれは元亀二年（一五七一）十月初めまでにわたっていた。ところが直後の十月三日に北条家の隠居・北条氏康が死去した。これをうけて信玄と北条氏政は、一転して和睦形成に動いていった。氏政としては、謙信が信玄との抗争において全く協力してくれていなかったためであった。信玄と氏政の再同盟が成立した正確な時期は判明していないが、十一月十日には成立していたとみることができる。これにともなって氏政は、謙信との同盟を破棄することにし、十二月二十七日にそのことを謙信に通告した。こうして謙信は、信玄・氏政と抗争することになった。

信玄は翌元亀三年閏《うるう》正月には、早くも関東で氏政とともに謙信と対陣している。しかし謙信との対陣はそれ以後はみられていない。むしろ引き続いて関東で戦陣にあり続けることを嫌っていたのか、正月二十八日付けで信長側近家臣の武井夕庵《たけいせきあん》に送った書状では、「甲（武田家）・相（北条家）・越（上杉家）」の三国の同盟成立を図っていて、その周旋を信長に要請している（愛11 七九三）。信玄としては、永禄十一年の駿河侵攻以来、北条家と激しい戦乱を繰り広げ続けていたため、これ以上の戦乱の継続を嫌っていたのではないかと思う。しかしそれはむしろ、家康への報復に執心するようになったためかもしれない。

足利義昭《あしかがよしあき》と信長は、信玄の要請を容れて、謙信に信玄との和睦をはたらきかけていた。この年春に義昭から謙信に、そのことについてはたらきかけがあり、実際に七月になって、使者が謙信のもとに派遣された。信長はそれにあたって謙信に、謙信とも信玄とも、多年におよんで親交してきたことを示したうえで、義昭の意向に従って和睦を成立させることを要請している（上I 一〇五三）。信玄は謙信の領国への軍事行動をおこなっていなかった。これをうけて謙信も、信玄の領国への軍事行動をおこなっていない。義昭・信長の和睦勧告によって、信玄は、謙信との戦争を回避する状況を作り出していた、といえよう。

しかし信玄は、その七月には、家康に従属する国衆に対して調略をすすめていた。そして七月晦日《みそか》には、作手《つくで》領の奥平定能《おくだいらさだよし》の調略に成功している（愛11八〇四）。この頃には信玄は、明確に徳川家領国への侵攻を計画していたとみなされよう。信玄はいよいよ家康への報復を開始することになった。

武田軍の侵攻をうける

信玄は、元亀三年（一五七二）九月二十七日に、徳川家領国に向けて軍勢の進軍を開始、先衆《さきしゅう》を出陣させた（『戦国遺文武田氏編』一九六七号）。信玄自身も十月三日に出陣し、同十日に駿河から遠江に侵攻した（同前一九八九号）。この時の信玄は、越前《えちぜん》朝倉家・北近江浅井《おうみあざい》家・大坂本願寺などと連携をとげていた。さらに出陣に先立って、美濃《みの》郡上《ぐじょう》領の遠藤家を調略していた。遠江に侵攻した信玄は、遠江中央部の二俣《ふたまた》城（浜松市）、高天神《たかてんじん》城（掛川市）の攻略をすすめた。美濃岩村城（恵那《えな》市）では、前城主死去にともない、武田方と織田方の抗争がみられ、信長は庶兄・織田信広らの軍勢を派遣して、岩村領を確保した（愛11八一八）。

信玄の本軍は遠江に侵攻し、他方で郡上領の遠藤家を従属させ、また岩村領での取り合いを開始しているように、信玄の標的は、織田家・徳川家領国の経略にあった。岩村領に進軍した武田軍は、岩村領攻略に失敗すると、そのまま奥三河に進軍したが、家康に撃退されたという（同前）。しかし実際には、これは家老山県昌景・秋山虎繁を主将としたもので、信濃《しなの》から奥三河に侵攻し、奥三河国衆を従属させ、長篠城《ながしの》（新城市《しんしろ》）に在陣して野田城（同）攻略をすすめた（「当代記」）。また岩村領には進軍してはいない。岩村城での取り合いは、武田軍の進軍をうけて、同城で武田方と織田方に分かれて抗争があったことを伝えるものとみなされる。

この状況を知った上杉謙信は、十八日付けで家老河田長親に宛てた書状で（同前）、信玄が信長と家康を敵にしたことは「運の極み」であり、「大事の覚悟」（大がかりな仕事への心構え）を怠るもの、と述べ、信長・家康と連携することで、来年春からは、信玄に「汗をかかせられる」と見通している。そして信玄の行為を、「蜂の巣に手を挿すような無用のことをしでかした」と評している。これは謙信が身内にある家老に述べていることなので、謙信の本音とみることができる。信玄が信長・家康に敵対したことについて、「蜂の巣に手を挿すようなものだ」と喩《たと》えているのは、とても印象深い。

信玄から侵攻をうけた信長の反応については、十一月二十日付けで、信長が謙信に宛てた書状にみることができる（上Ⅰ 一一三二）。信長は、信玄からの依頼で、謙信に信玄との和睦をはたらきかけていて、直前の七月には、そのために謙信に使者を派遣してもいたことについてはすでに述べた通りである。にもかかわらず、信玄は掌《てのひら》を返して、突如として敵対してきたのであった。そのため信玄の行為は「前代未聞の無道」であり、信玄は「侍の義理」を知らないものだ、と酷評している。そして信玄に対する遺恨は、決して無くなることはないとして、信玄とは再び同盟を結ぶことはないことを、謙信に起請文で誓約するのであった。

かたや家康は、二年前に自ら信玄に手切れしているので、信玄から侵攻をうけることは覚悟していたに違いない。しかしその時とは情勢が変化していた。二年前の時点では、上杉謙信・北条氏政と連携し、信長にも信玄との同盟を破棄させて、信玄を追い詰めることを図っていた。ところが信長は朝倉・浅井両家や本願寺との抗争に追われ、畿内近国に釘付けの状態になり、前年には信玄が北条家と同盟したことで、謙信は北条家と越中《えっちゅう》の二方面での軍事行動を強いられるようになった。気がつけば家康は、信玄に対して孤立した状態になっていた。

信玄は、高天神城については、十月二十一日の時点で、城主・小笠原氏助《うじすけ》（氏興の子）

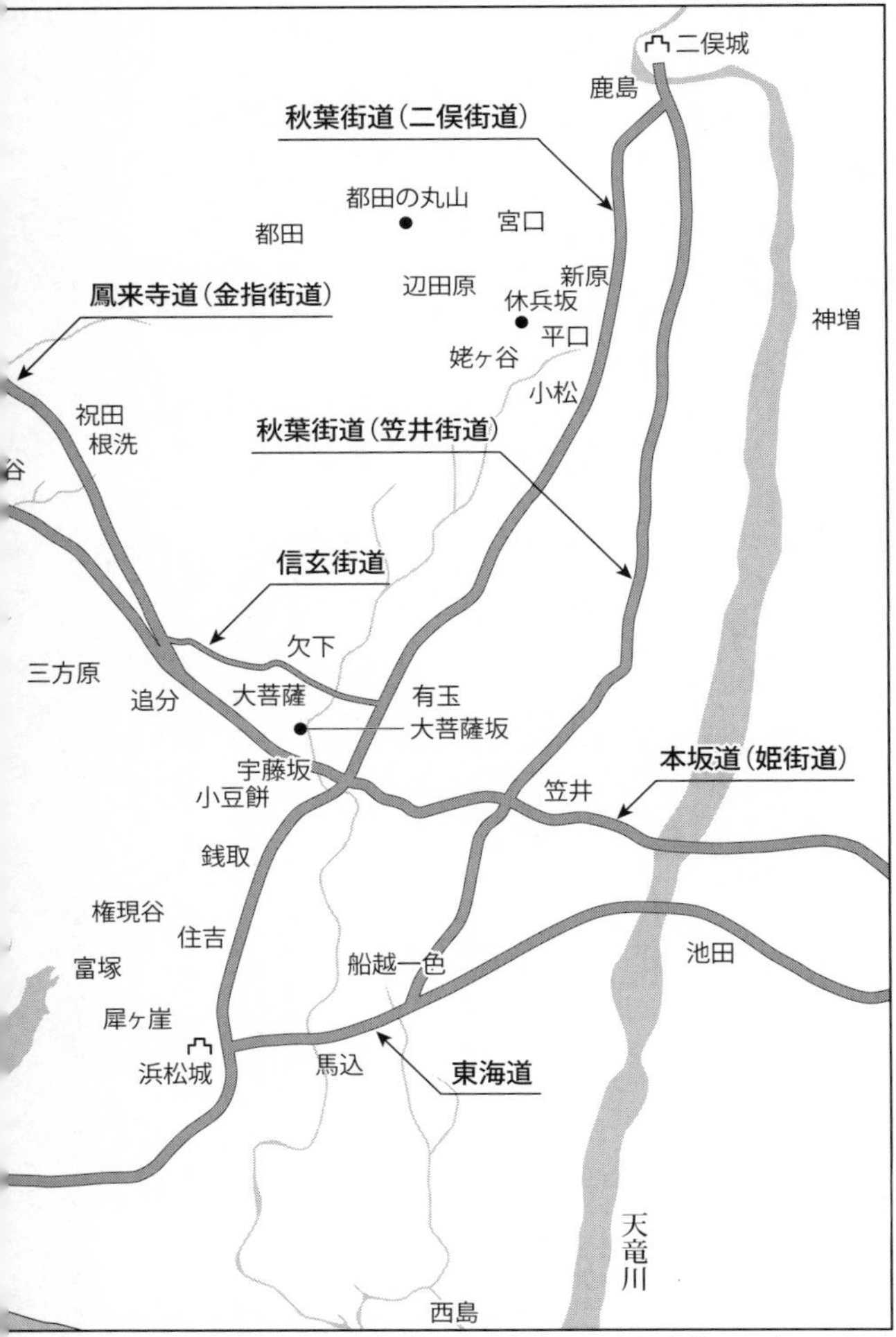

三方原合戦関係図。平山優『新説　家康と三方原合戦』をもとに作成

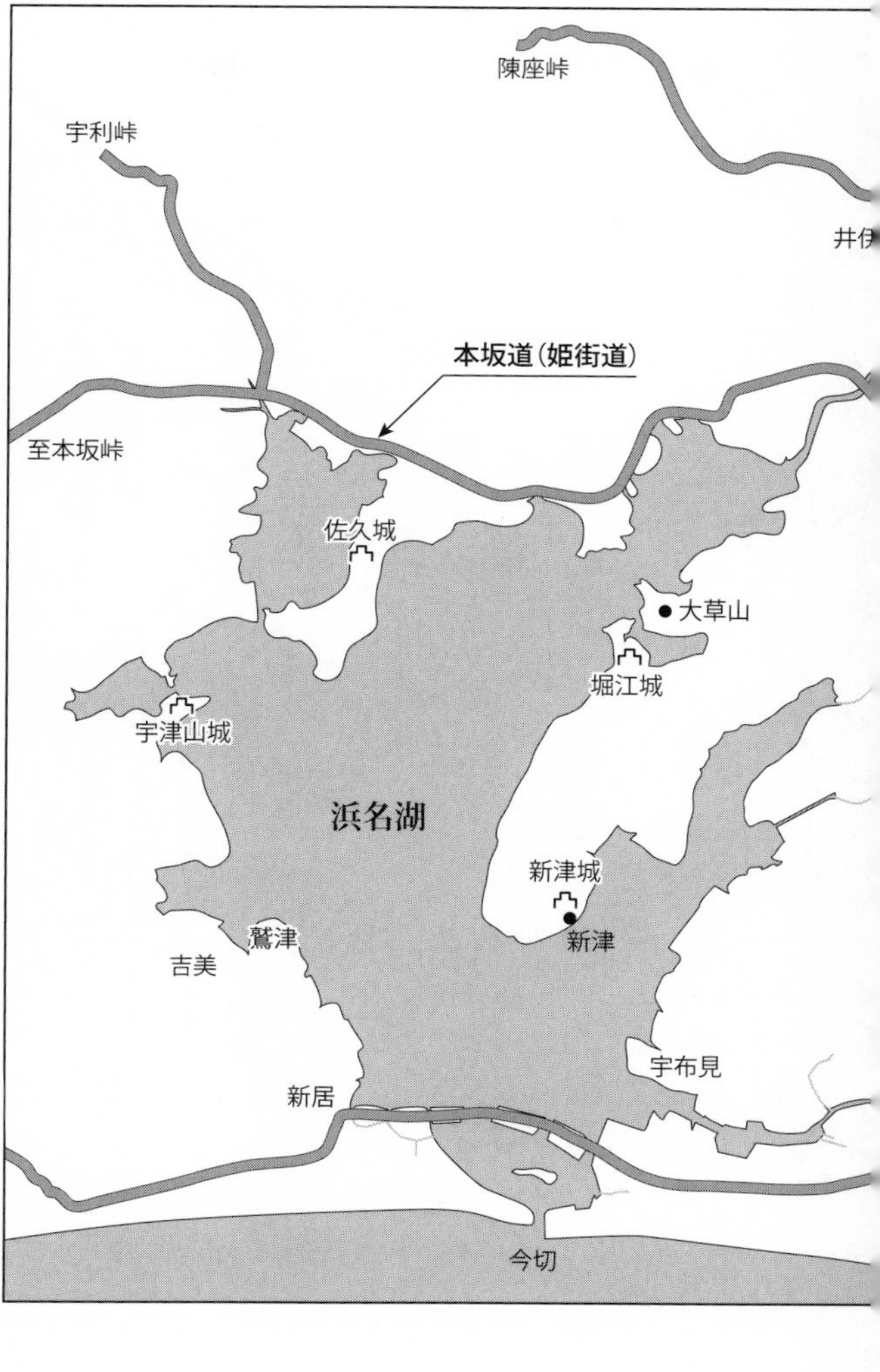
陳座峠
宇利峠
井伊
本坂道(姫街道)
至本坂峠
佐久城
大草山
堀江城
宇津山城
浜名湖
新津城
新津
鷲津
吉美
宇布見
新居
今切

が降参する状況にあるとしているので（静8　五三五）、それからしばらくのうちに攻略したとみなされる。この頃には、北遠江犬居《いぬい》領の天野家も従属してきたとみなされる（本多隆成『徳川家康と武田氏』）。二俣城については、実際に攻撃を始めたのは十一月八日頃からのこととみられていて、それを攻略するのは十一月晦日であった（本多前掲書）。

そうして二俣城が信玄に攻略された時には、高天神領・犬居領・二俣領・井伊谷《いいのや》領が武田方に経略された。三河でも、作手領・田峯《たみね》領・長篠領が武田方に経略された。足助《あすけ》領もそうであった可能性もある。そして徳川方として残っていたのは、遠江では懸河城、堀江城、そして本拠の浜松城にすぎず、三河では岡崎城・吉田城・田原城などにすぎなくなっていた。家康は信玄の侵攻をうけて、二ヶ月も経たないうちに、遠江と三河の半分以上を経略されてしまったのであった。

なおこの時の信玄の軍事行動は、家康に対してだけでなく信長にも向けられていた。しかし本書でそれらすべてを取り上げることは難しいので、基本的には家康に対するものを中心に取り上げざるをえない。この時期における信玄と信長・家康をめぐる軍事関係・政治関係については、本多隆成氏（『徳川家康と武田氏』『定本徳川家康』、最近刊の『徳川家康の決断』など）、平山優氏（『長篠合戦と武田勝頼《かつより》』、最近刊の『新説　家康と三方原《みかたがはら》合戦』『徳川家康と武田信玄』など)、柴裕之氏(『徳川家康』など)の研究を参照いただきたい。

三方原合戦の実際

信玄は十一月晦日に二俣城を攻略すると、同城に進軍し、同城の普請をすすめた。これは信玄が、同城を遠江支配の拠点にしようとしたことを示していよう。家康はいよいよ信玄を迎え撃たなければならなくなった。しかし家康と信玄では、動員できる軍事力にあまりにも格差があった。それを解消するには信長の援軍が必要であったが、信長自身は朝倉・浅井両家などへの対応のため、出陣してくることはできなかった。そのため援軍が派遣された。すでに十一月十九日の時点で、三千余の軍勢が派遣されてきていた(愛11 八三〇)。信長も翌日に謙信に宛てた書状で、「一手《いって》」を派遣したことを述べている(上Ⅰ 一一三一)。その軍勢とは、信長から家康への取次《とりつぎ》担当であった家老の佐久間《さくま》信盛《のぶもり》、重臣の平《ひら》手《て》汎秀《ひろひで》、そして従属国衆の水野信元であった(「当代記」など)。しかしこれでも武田本軍に対しては劣勢にあったことはいうまでもない。

そうして起きるのが三方原合戦である。この合戦の実態を伝える当時の史料はなく、これまでは『三河物語』の内容が取り上げられてきた。そこには、信玄は三河から東美濃を通って上洛しようとしていて、三方原の台地に上がって、井伊谷を通って長篠に進もうとして、井伊谷領祝田《ほうだ》に下ろうとしていたところ、十二月二十二日に家康は、「浜松城から三里に近づいているので打って出て合戦する」と宣言し、「大勢であっても我が屋敷の裏口を通ろうとしているのに、内にいて出ていって咎《とが》めない者はいない、負けると思っても出て行って咎めるものだ、我が領国を通っていくことを、大軍だからと出て咎めないわけにはいかない、合戦せずにはすまない、合戦は軍勢の多さではなく天道次第である」と言って、家臣を鼓舞したことが記されている。小説やドラマで馴染みのある場面であろう。

これに対して『信長公記《しんちょうこうき》』には、信玄は堀江城を攻撃し、そこに家康が出陣してきて、三方原で合戦になったと記している（角川ソフィア文庫本一三八頁）。信玄の進軍先が長篠城であったのか堀江城であったのか、両史料では一致していない。近時、信玄は堀江城攻撃に向かったため、家康はそれを阻止するべく出陣し、三方原で合戦になったとする見解も出された（平山優「遠州堀江城と武田信玄」など）。

しかし『信長公記』には、信玄は堀江城を攻撃し、在陣したと明記されている。この内容を前提にすると、家康が出陣してきたことで、三方原で合戦になっているのだから、それは武田軍が徳川軍迎撃のために引き返したことになる。結論を出す前に、合戦についてのもう一つの重要史料をみてみたい。これまでの三方原合戦についての研究では十分に利用されていないが、内容の信頼性は高いとみなされるものがある。すなわち「当代記」の記述である。それは次のものになる。

十二月、二俣城落居の間、普請せしめ、番手《ばんて》を入れる、同廿《にじゅう》二日、信玄都田《みやこだ》を打ち越し、味方が原へ打ち上がり、浜松衆物見として十騎・廿騎ずつ懸け来たり取り合いの間、是《これ》を引き取るべきの由曰《い》い、家康公出馬の処、不慮に合戦に及び、浜松衆敗北、千余討死、〈信玄人数二万、浜松衆八千計《ばか》りなり、〉浜松近辺放火、但《ただ》し町中へは押し入らず、則《すなわ》ち取り詰むべきかの旨評議有り、然《しか》れども家康公居城也、左右《そう》無く落居し難き由談合せしめ、徒《いたずら》に十日に及び、彼野に在陣也、此《こ》の時信長より加勢の衆佐久間右衛門（信盛）・平手（汎秀）・水野下野守《しもつけのかみ》（信元）等也、平手は討死也、下野守は三河岡崎迄遁《までのが》れ行き、比興《ひきょう》成る体也、大方信玄と一味有るべき企て也と云々、

これによれば、信玄は二俣城の普請を終了させ、在城衆を置くと、二十二日に出陣し、井伊谷領都田（浜松市）を通過して三方原に進軍した。そこへ徳川軍の物見勢一〇騎・二

○騎が攻撃し、武田軍と交戦状態になったので、家康はこれを救援するため浜松城を出陣、思いがけずに武田軍と合戦になってしまった。徳川軍は敗北し、千人余が戦死した。武田軍は浜松近辺を放火したが、城下には攻め込まなかった。武田軍では浜松城を攻撃するかどうか評議したが、家康の居城であるため簡単には攻略できないと話し合い、十日ほど無為に在陣した。この時に信長からの援軍は佐久間信盛・平手汎秀・水野信元などで、平手は戦死し、水野は岡崎まで退却し、裏切りしたような有様で、おそらく信玄に味方するための企みだろう、という。

この「当代記」の内容は、『三河物語』にみえているような、家康の勇壮さのような、家康を美化するようなところはなく、実に自然な内容であるとみなされる。そのため合戦の実態をもっともよく伝えているものと認識できる。ここからすると合戦は、徳川方の物見衆が、偶然にも武田軍に遭遇してしまい、戦闘に入ってしまったので、家康はそれら家臣を救出するために出陣してきたが、逆に戦闘に巻き込まれて、武田軍と本格的な合戦になってしまったという、いわば偶発的に生じたものであった、とみることができる。私はこれこそが、三方原合戦の真実であると考える。

また武田軍の行軍経路として、都田から三方原に南下していることからすると、これは浜松城への牽制《けんせい》とみられるであろうか。その場合、その先の進軍目標がどこかは判断できない。堀江城の可能性もないとはいえないが、合戦後に気賀の刑部に転進していることからすると、三方原に在陣した時には、三河に進軍することを予定していたように思う。攻撃目標が堀江城におかれていたら、合戦後に同城攻撃にあたったと思われるのである。

もっとも武田軍による同城攻撃があったことを伝える史料も存在している。堀江城主・大沢基胤《もとたね》（一五二六〜一六〇五）の「合戦注文」（戦今 二五二三）で、合戦後の十二月二十七日に、武田軍が堀江城を攻撃したことを記している。その際に信玄は、同城近くの堂地に在陣したと記している。内容はかなり信頼できるとみなされる。ただし問題は、同史料では、三方原合戦も同日に起きたことになっていることである。同史料は、基胤の十三回忌にあたる寛永《かんえい》三年（一六二六）に子の基宥《もとひろ》（基宿《もといえ》、一五六七〜一六四二）が記したものとみなされる（平山優『徳川家康と武田信玄』）。そこからすると何らかの記憶違いがあったとして不思議ではない。

堀江城攻撃の日付と三方原合戦の日付が同じになっているのを正しいとみるか、どちらかが誤っているかで、それら一連の事態の解釈は全く異なってくる。前者であれば、武田軍は堀江城を攻撃したうえで、三方原に転進したことになり、基本的には『信長公記』の内容に一致する。その場合には、日付の二十七日は、二十二日を誤ったものになる。後者であれば、合戦後に堀江城攻撃をおこなったことになる。なお平山氏は、日付通りに、合戦後に同城攻撃があったとみている。

『信長公記』では、堀江城攻撃中に、徳川軍が出陣してきたと記されていた。しかし「当代記」は、都田から三方原に進軍した武田軍に、徳川軍の物見が遭遇したことで合戦になった、と記していた。両者が伝える内容は、微妙に矛盾している。しかし『信長公記』の内容も、「大沢基胤合戦注文」の存在を踏まえれば、基本的には事実を伝えているとみなされる。それらの記載について整合的な解釈をこころみれば、『信長公記』での、徳川軍の出陣は、武田軍が三方原に転進してきたことをうけてのことと理解し、「当代記」での、都田から三方原に進んだ、というのは、途中の堀江城攻撃を省略したと理解すれば、解決できるように思う。

そして武田軍が堀江城から三方原に転進したのは、徳川軍が出陣してきたからではなく、堀江城攻略を中断して、徳川軍を牽制するため、あるいは奥三河に進軍するため、と考えられるのではないか。平山優氏（『徳川家康と武田信玄』）が検討したこの地域の交通状況をもとにすると、堀江城から奥三河に向かうには、一旦、三方原に出る必要があったと考えられ、三方原への転進は決して不自然な行動ではなかった。堀江城攻撃の中止の理由はわからないが、徳川軍に出陣の気配がみられたことによるかもしれない。ここでは三方原合戦が生じる経緯については、以上のように考えておきたい。

合戦は徳川軍の大敗で、「当代記」では、両軍の軍勢数を武田軍は二万人、徳川軍は八千人であったとし、徳川軍では千人余が戦死したという。この戦死者数は、信玄が朝倉義《よし》景《かげ》に戦勝を報せた際に、「千余人討ち補り」と述べているのにも一致している（愛11 八四四）。徳川方の大敗であったことは間違いない。しかもこれほどの大敗は、家康にとって、まさに最初で最後の生涯に一度だけのことであった。そのため家康を神格化した江戸時代に、この大敗についても美化されて、『三河物語』の内容が生み出されたのであろう。

なおまたこの時の大敗を教訓とするために描かれたものとされるものに、いわゆる「顰《しかみ》像《ぞう》」がある。しかしこれについても近年、江戸時代後期に作成されたもので、三方原合戦との関わりを示す根拠もないことが、明らかになっている（原史彦「徳川家康三方ヶ原戦役画像の謎」）。

信玄死去による危機脱出

家康は信玄に三方原合戦で大敗を喫してしまった。しかもそれは偶発的に生じてしまったものであった。家康としては、武田軍とは圧倒的に戦力差があったため、正面切っての合戦を回避する方針であったと思う。ところが偶発的に合戦におよんでしまい、しかも大敗してしまったのである。そのためすぐの反撃は難しい状況になったに違いない。ところが武田軍は、合戦後すぐに動くことなく、十日も在陣を続けた。おそらく気賀の刑部においてであろう。そしてそこで越年してしまうのである。

そもそも信玄は、二俣城を攻略してから二十日ほど、何の行動も示していない。そして合戦後も十日ほど動いていない。それはいうまでもなく、信玄の病状が悪化していたためとみてよかろう。また刑部に在陣を続けたのは、家康の出方を探るためであったろう。「当代記」にも、浜松城は家康の本拠のため、攻略には時間がかかることが見越されていた。信玄は、家康が反撃に出てくることはないと確信したことで、年明けになって行動を開始することにしたと思われる。

そこでの行動についても「当代記」に詳しい。明けて天正《てんしょう》元年（一五七三）正月三日に進軍を開始した。三方原合戦から十一日後のことであった。刑部での在陣はちょうど十日ということになる。その日、井伊谷領井平《いだいら》（浜松市）を通って三河に入り、野田城の攻撃を開始した。しかし攻略には時間を要し、攻略したのはそれから一ヶ月以上が経った二月十七日のことであった（愛11 八六六）。なお「当代記」は野田城攻略を「三月十八日」としているが、これは単純な誤記・誤写であろう。これをうけて信玄は、長篠城に入った。この長篠への移動について、後退したとみる考え方もあるが、奥三河衆の人質をこの長篠城に集めていること、野田城についてはその後、廃城にしていることからすると、信玄は奥三河における拠点に、この長篠城を位置付けたと考えられるであろう。

信玄がそこからどのように軍事行動しようと考えていたのかはわからない。信玄は三月十二日には、奥平家の作手城、田峯菅沼家の田峯城（設楽《したら》町）や武節《ぶせつ》城（豊田市）などに在城衆を置いたうえで、甲斐《かい》への帰国の途について退陣したようである。軍勢も十六日には信濃に向けて退陣したらしい。その状況は、「一円隠密」で、「物紛れに退く」ものであったという（愛11 八七五）。しかし信玄の病状は極めて悪化していたのであろう、甲斐に帰国するまでその生命はもたず、その途上で、四月十二日に信濃伊那《いな》郡駒場（阿智村）で死去してしまった。

この武田軍の退陣、そして信玄の死去によって、家康はまさに窮地を脱することになった。信玄の病状が深刻化することなく、そのまま進軍を続けていたとしたら、残された領国をも経略されるなど、徳川家の存立そのものが危機におちいった可能性すらあった。しかし家康は、その危機を乗り切った。しかもそれは信玄の病気という、家康にはどうしようもないことによった。ここに家康の、第二の強運をみることができる。家康はかろうじて、滅亡を覚悟せざるをえないほどの、信玄の脅威から解放されたのであった。

第五章　大岡弥四郎事件と長篠合戦

大岡弥四郎事件とは

大岡弥四郎《やしろう》事件とは、徳川家家臣で岡崎町奉行の一人であった大岡弥四郎が、町奉行の相役の松平新右衛門尉《しんえもんのじょう》、信康《のぶやす》の家老の一人で岡崎城代であった鳥居九兵衛の家臣小谷九郎左衛門尉《さえもんのじょう》・倉地平左衛門尉らと謀って、武田軍を岡崎城に引き入れて、岡崎城を武田方にしようとする謀叛《むほん》事件を企てたところ、鳥居の家臣で謀議にも参加していた山田八蔵が裏切って、事の次第を岡崎城に通報したことで謀議が発覚し、大岡らは捕縛されたうえで処罰され、謀叛事件は未然に防がれた、というものである。

この事件については、当時の史料には記されていないが、徳川家家臣の回想録にあたる『三河物語』や『石川正西聞見集』（松井松平家家老・石川昌隆〈法名《ほうみょう》正西、一五七四〜一六六五〉の著作、埼玉県史料集第一巻）など、江戸時代前期に成立した信頼性の高い史料にみえているので、事件の存在そのものは事実とみなされる。ただし『三河物語』では、大岡弥四郎の名を「大賀弥四郎」と記し、『石川正西聞見集』では「中間弥太郎」と記して、誤っている。そのため主謀者については、かつては「大賀弥四郎」と称されていた。しかし江戸時代前期後半の成立とみなされるものの、岡崎で成立した記録で、事件の顚末《てんまつ》についてもっとも詳しく記している「岡崎（三河）東泉記」「伝馬町旧記録」には、大岡弥四郎と記されていて、大岡苗字は徳川家譜代家臣にみられるものであることから、その名が正しいとみなされている。この事件については、新行紀一《しんぎょうのりかず》氏の研究で詳しく検討されている（「岡崎城主徳川信康」柴編『徳川家康』所収）。

事件の時期について、『三河物語』には、天正《てんしょう》三年（一五七五）のことで、五月一日から開始された武田勝頼《かつより》（信玄《しんげん》の後継者）による長篠《ながしの》城攻撃の直前のこととしている。「伝馬町旧記録」と、徳川家を主題にした軍記史料のなかでもっとも信頼性が高いとみなされている「松平記」には、もう少し具体的に記されていて、武田勝頼を三河足助《あすけ》城（豊田市）から岡崎城に引き入れようとして起こされたとしているので、勝頼が足助城を攻略した直後頃のこととみなされる。勝頼が同城を攻略したのは四月十九日であったから、事件はその直後に起きたものとみなされよう。

『三河物語』などでは、大岡弥四郎の単独謀議のように記している。しかし新行氏の研究により、家康嫡男でこの時は岡崎城主となっていた松平信康の家老の一人であった石川春重が事件後に切腹させられていて、岡崎町奉行の相役であった江戸右衛門七《えもしち》も切腹させられており、また松平氏一族の松平清蔵親宅《せいぞうちかいえ》（法名念誓《ねんせい》）が失脚していることが指摘されている。そのためこの事件は、大岡の単独謀議などではなく、信康家臣団の中枢による謀叛事件とみなされている。

信康は元亀《げんき》二年（一五七一）に元服したのち、岡崎城主に据えられていた。家康は前年に浜松城を本拠にするようになっていた。家康は、自身は浜松城を本拠とした一方で、それまでの本拠で、三河支配の中核拠点であった岡崎城に、嫡男信康を置いて、遠江《とおとうみ》・三河両国を統治する体制をとった。信康には、傅役《もりやく》兼家老として譜代重臣の平岩親吉《ちかよし》（一五四二～一六一二）を附属させ、また家老として石川春重（家老石川家成・同数正《かずまさ》の同族）と鳥居九兵衛（家老鳥居元忠の同族）を附属させた。そのうち鳥居が城代を務めたらしい。また岡崎城下町支配を担当する町奉行に、大岡弥四郎・松平新右衛門・江戸右衛門七の三人を置いた。

これらが信康家臣団の中枢を構成したのであったが、そのうちの家老石川春重、家老鳥居九兵衛の複数の家臣、そして町奉行のうち大岡弥四郎・松平新右衛門が謀叛事件の中心メンバーを構成したのである。このことからこの謀叛事件が、新行氏が指摘するように、信康家臣団中枢によるものであったことに、疑う余地はない。そして謀叛が企てられたのは、武田勝頼が奥三河に侵攻してきて、徳川家領国の経略を展開していた時期にあたっていた。これが成功していたら、岡崎城は武田方に帰属しただけでなく、西三河一帯が武田方に経略されたことであろう。そのためこの事件は、徳川家の存亡を左右した重大なものとみなされる。

どうしてそのような重大な事件が起きることになったのであろうか。そのことを理解するには、武田勝頼による三河侵攻の状況をみなくてはならない。そしてこの事件こそが、長篠・設楽原《したらがはら》合戦をもたらすのであった（柴裕之『徳川家康』）。

武田勝頼の攻勢

天正元年（一五七三）四月に武田信玄は死去したが、公式には病気のため隠居したとされ、七月に嫡男になっていた四男勝頼が家督を継承した、という体裁がとられた。そして

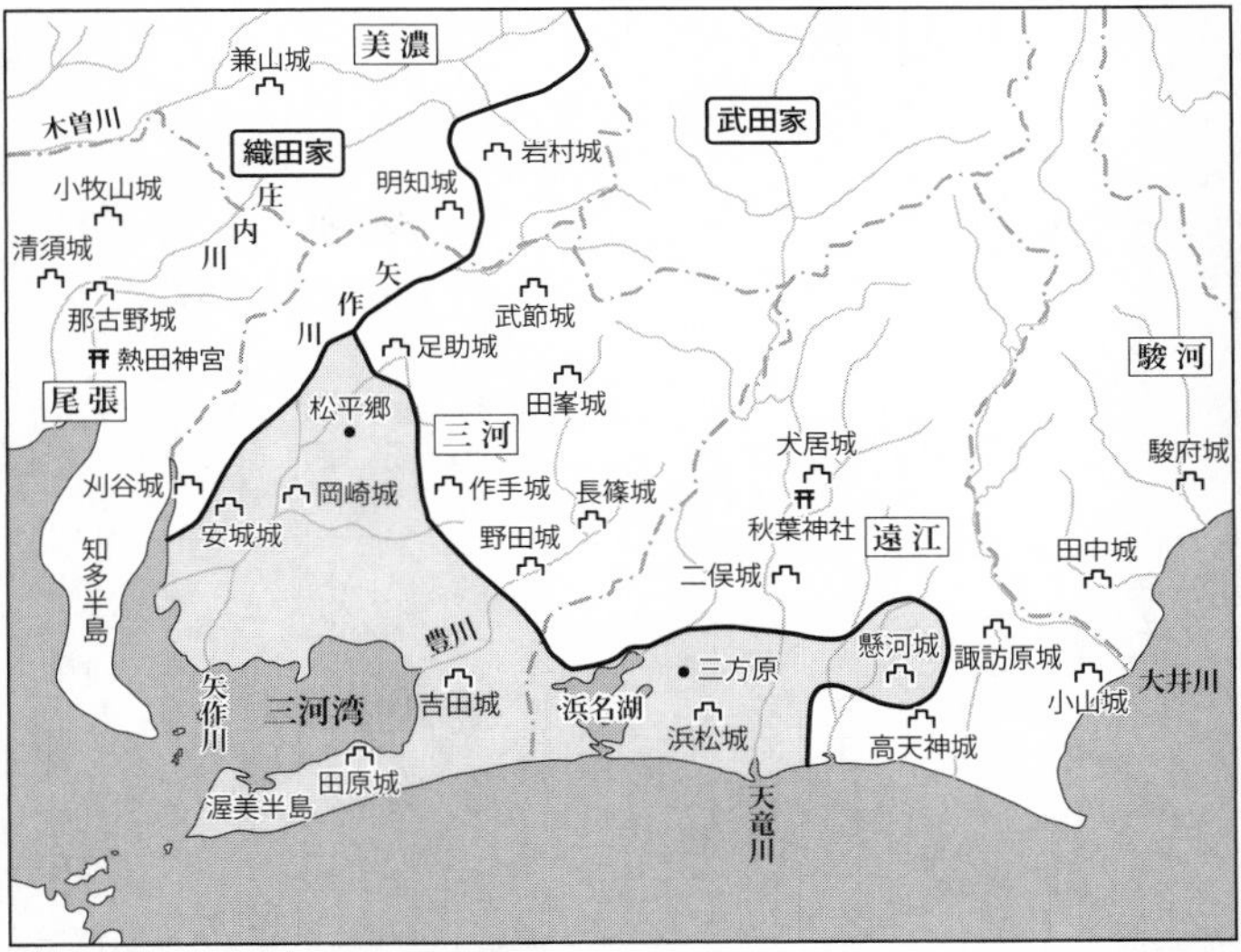

天正元年４月時の徳川家領国図

信玄の死去は三年間は秘されるものとされた。実際にも武田家ではこのことは遵守され、信玄は「御隠居様」と称されて、生存しているかたちがとられ、三年後の天正四年四月十二日に死去したとして、公式の葬儀がおこなわれるのである。

しかし信玄死去の情報はすぐに流れた。死去から十三日後でしかない二十五日に、上杉謙信のもとに信玄死去の風聞がもたらされている（愛11 八八一）。上杉家では同月晦日《みそか》には「信玄遠行（死去）必定」と、信玄死去を確信している

（静8 六三九）。そうした状況をうけて、家康はすぐさま行動をおこした。五月上旬に駿河《するが》に侵攻し、久能《くのう》や駿府《すんぷ》まで攻撃したといわれている（静8 六三五）。もっともこれは誇張で、実際には岡部《おかべ》（藤枝市）への侵攻だったと考えられている（平山優『長篠合戦と武田勝頼』）。いずれにしろ駿河まで侵攻したことは間違いないようで、これにより家康は信玄死去を確信したことであろうし、この連絡をえて謙信もまた確信を強めるのであった。

家康は、武田家の反撃はしばらくおこなわれないと判断して、三河の奪回に取り組んだ。そして七月二十三日から長篠城攻略をすすめた（愛11 八九六）。さらに八月二十日には、作手《つくで》領の奥平定能《おくだいらさだよし》・信昌《のぶまさ》父子を従属させた（愛11 九〇二）。しかし定能の父道紋《どうもん》（実名定勝）はこれに応じず、定能・信昌は作手城を攻略することができなかったばかりか、逆に同城から退去して、宮崎城（岡崎市）に在城せざるをえなくなっている。勝頼も、御一門衆穴山武田信君《のぶただ》（一五四一～八二）・武田信綱《しんこう》、家老山県昌景《やまがたまさかげ》らの軍勢を派遣して長篠城への支援を増強している。しかし家康は、九月八日に同城の攻略に成功し（「当代記」）、そのため十四日には武田軍の援軍も帰陣した（愛11 九〇六）。

家康は、武田家が三河における拠点に位置付けていた長篠城の攻略に成功した。この頃には高天神《たかてんじん》領の小笠原氏助《うじすけ》を従属させたとみなされ、また信康の初陣として足助城を奪回したことが伝えられている。けれども家康の反撃もここまでであり、九月二十一日には、作手領在城の武田軍によって、宮崎城の奥平父子が攻撃されるなど（愛11 九〇九）、家康の反撃は順調にはすすんでいない。信玄の跡を継いだ勝頼は、七月に正式に家督を相続するやいなや、ただちに長篠城支援のために大軍を派遣してきているように、武田家の勢威はいまだ健在であった。

天正二年に入ると、勝頼は一転して攻勢に出てきた。二月に東美濃《みの》に侵攻し、明知城《あけち》（恵那市《えな》）などを攻略して、東美濃一帯を経略した。五月になると遠江に進軍して高天神城を攻撃し、六月十七日に攻略した。この時、信長は嫡男信忠をも率いて、高天神城救援のために三河に進軍してきていたが、到着は間に合わず引き返している。続いて勝頼は、九月から十一月にかけて、またも遠江に侵攻してきて、徳川方として残っていた懸河城《かけがわ》への向かい城として、新たに諏訪原城《すわはら》（島田市）を築城して帰陣したらしい（平山前掲書・本多隆成『徳川家康と武田氏』）。このように勝頼は、東美濃を経略して領国を拡大し、家康に対しては高天神領を奪回して、反攻に転じてきたのである。これには信長も、「四郎（勝頼）は若輩だけれども、信玄の掟を守って、表裏《ひょうり》である（戦略に長《た》けている）」として、警戒の念を強めざるをえなくなっている（静8 七七七）。

家康は信玄死去により、滅亡をも覚悟せざるをえない危機を脱したのも束《つか》の間《ま》、今度は勝頼の攻勢をうけて、苦境に立たされるようになっていた。信玄亡き後も、家康にとって武田家は依然として大敵として存在していたのであった。

武田軍の奥三河侵攻

天正三年（一五七五）二月二十八日に、家康は奥平信昌を長篠城主に据えた（「当代記」）。これは武田家の攻撃目標が、長篠城に置かれていると判断して、同城の維持を図ってのことと思われる。かつて武田家は、同城を三河における拠点に位置付けていたから、勝頼がそれを奪回しにくることは自明であったろう。

実際にも勝頼は、三月下旬には先陣を三河に進軍させ、足助城方面を攻撃させた（愛11一〇七六）。勝頼は四月一日に出陣することを表明し、その際に「計策の首尾相調《あいととの》った」と述べている（愛11一〇七四）。勝頼の出陣は、織田信長が大坂本願寺攻撃に向かっていたため、本願寺を側面支援するためのものであった（金子拓『長篠の戦い』）。「計策」とは、本願寺との連携を指しているのかもしれないが、もしかしたら大岡弥四郎らへの調略の成功を示しているのかもしれない。もっとも勝頼は、四月十二日に父信玄の三回忌法要をお

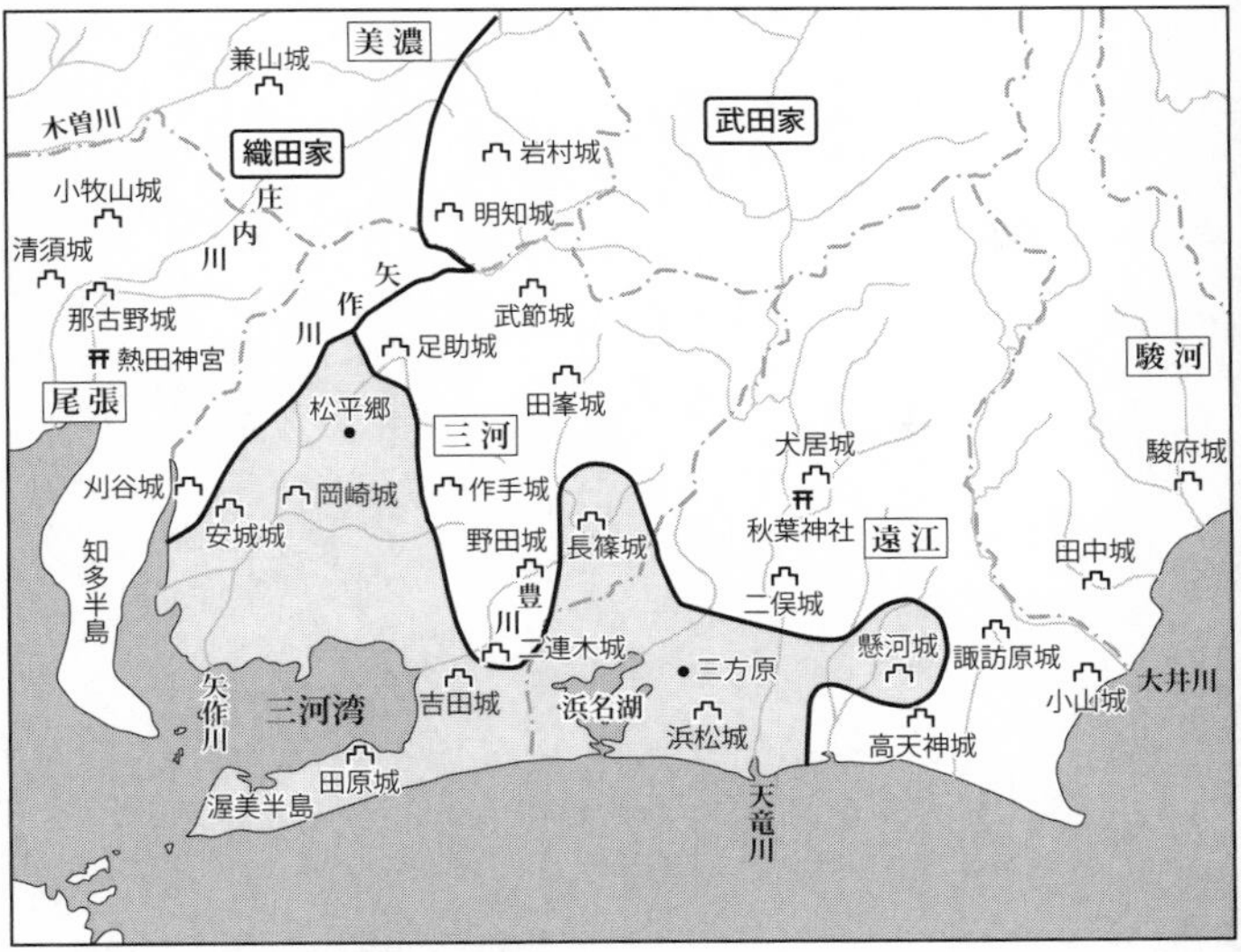

天正３年４月時の徳川家領国図

こなっているので、実際の出陣はその後のことであった。三河に進軍してきた武田軍は、四月十五日から足助城を攻撃し、十九日に城主鱸《すずき》越後守《えちごのかみ》父子を降伏させて攻略した。それにともなって浅賀井・阿須利（豊田市）など近辺の小城は開城した（愛11七五七）。

足助城を攻略した武田軍の主将は山県昌景であった。足助城攻略後は作手城を経由して東三河に進み、元野田城主の菅沼定盈《さだみつ》が再興していた大野田城に向けて進軍した。菅沼は武田軍の旗先をみるとすぐに退去してしまった（愛11

七五七)。勝頼自身がいつ三河に着陣したのかは判明していないが、四月十六日の時点で、二十二日に着陣することにしていたのを延期した、と述べているので(愛11 一〇八二)、二十二日以降のこととみなされる。そして二十九日には着陣していて、先陣であった山県軍との合流を果たし、吉田城攻撃に向かって、二連木《にれんぎ》城(豊橋市)を攻略した(愛11 七五七)。この吉田への進軍について、山県昌景は「御行」と記しているので、勝頼による行動であったことがわかる。

この武田軍の侵攻に対し、家康は、信康を山中法蔵寺(岡崎市)に出陣させ、自身は吉田城に移って、蕾原《はじかみはら》(豊橋市)で武田軍と小競り合いした。これをうけて勝頼は、吉田城攻略を諦めて、当初の目的としていたであろう長篠城攻略に転進した。そのため家康は信康と合流し、野田城に攻め寄せた、という(『三河物語』)。『三河物語』では、そうしたなかで、大岡弥四郎(同史料では「大賀弥四郎」)が処刑されたことを記している。このことからしても、大岡弥四郎の謀叛事件がその直前に発覚したことがわかる。

事件の発覚と対処

大岡弥四郎の謀叛事件について、「岡崎東泉記」は、岡崎町奉行の大岡弥四郎と松平新右衛門尉が主謀者で、これに岡崎城代であった信康家老の鳥居九兵衛の家臣小谷九郎左衛門と山田八蔵が加わったものとする。それに対して『三河物語』は、大岡弥四郎は徳川家譜代の中間《ちゅうげん》で、この時は三河奥郡二〇郷余の代官を務めていて、鳥居家臣小谷・倉地平左衛門尉・山田を仲間に引き込んだものとしている。

謀叛計画の内容については、「岡崎東泉記」には、岡崎城の南方の吉良庄《きらのしょう》（西尾市）に武田家の幟旗一〇〇本をかかげて、武田軍がその方面に進軍してきたようにみせかけ、武田軍を岡崎城北方の足助・大樹寺《だいじゅじ》（岡崎市）方面から岡崎城に引き入れて、岡崎城の在城衆が南口に武田軍への迎撃のため出陣したところを、武田軍に岡崎城に北口から乱入させ、大岡らが同城を固めて城外に放火し、武田軍を城内に引き入れて、三河一国を武田方にするものであった、と記されている。

他方の『三河物語』には、大岡は岡崎城の城門を簡単に開かせることができるので、一旦城外に出て、進軍してきた武田軍を先導して岡崎城にいたり、城門が開いたら武田軍は城内に乱入し、城主信康を討ち取ることで、在城衆は家康から離叛《りはん》して、勝頼に降伏するので、そうして岡崎城を武田方にし、そのうえで、家康に従う家臣は一〇〇騎ほどになるであろうから、家康は浜松城から退去して、伊勢《いせ》に逃れるか、西三河吉良に退去して尾張《おわり》に逃れるだろうから、これを攻撃して家康を討ち取ろうとするものであった、と記されている。

両史料の内容を比べてみると、「岡崎東泉記」のほうに具体性が認められるので、内容としてはこちらのほうが実態を伝えているとみなされる。ただし『三河物語』でも、この謀叛計画は、勝頼が作手方面に進軍してきたことをうけて起こったことが記されている。足助城を攻略した山県昌景の軍勢は、その後は作手に進んでいることからすると、事件の発覚がその頃のことであったことを伝えているとみることができる。けれども「岡崎東泉記」では、足助城から武田軍を岡崎に引き入れる計画であったとし、このほうが武田軍の進軍経路からみても整合するとみなされる。

しかしこの謀叛計画は、山田の裏切りによって発覚した。「伝馬町旧記録」では塩商人による通報によって発覚したとなっている。山田はその後に所領を加増されているので、山田が通報したこと自体は間違いなかろう。その後の経緯は、「岡崎東泉記」によれば以下のようであった。すなわち、山田が岡崎城に通報して裏切り、城衆一人の付き添いをうけて、岡崎城下の大岡弥四郎の居宅に押し入って、これを生け捕りにした。また信康の家老兼傅役の平岩親吉の軍勢四、五〇人は、懸村の松平新右衛門の居所に押し寄せたが、松平は岡崎の宿所にいて留守であった。松平は出頭したのか、翌日に大樹寺で切腹させられた。渡村に居住していた小谷九郎左衛門尉は、岡崎城の軍勢一〇〇人ほどに屋敷を包囲されたものの、すでに逃亡していた。大岡弥四郎は、城下連雀《れんじゃく》町の大辻で、七日におよんで竹鋸《たけのこぎり》で引かれたのち、根石原《ねんしばら》（念志原）で妻子とも五人は磔刑《たっけい》に処された。

また「岡崎東泉記」は、岡崎町奉行のもう一人の江戸右衛門七も主謀者とし、切腹させられたとするが、「伝馬町旧記録」では、無関係ではあったが、相役であったため、浜松で切腹させられたとしている。さらにその他、先に触れたように、信康家老の一人・石川春重も切腹させられた、とみなされている。

事件計画の背景

こうして大岡弥四郎らによる謀叛事件は、未然に防がれた。しかしそもそも、大岡弥四郎らはなぜ謀叛事件を計画したのであろうか。これについて『三河物語』は、中間の地位から二十余郷の代官を務めるまでに出世したことで、栄花に驕《おご》って、主人に取って代わろうとする野心によるものであった、と記している。これはいわば、事件の原因を大岡の個人的な野心に矮小化《わいしょうか》するものといえよう。実態はすでに新行氏らによって指摘されているように、信康家老の石川春重、岡崎町奉行のうちの二人、信康家老・鳥居九兵衛の家臣が参加していたことから、信康家臣団中枢による謀叛であった。『三河物語』の内容は、大岡の名を「大賀弥四郎」としたうえで、彼個人の陰謀のように記すことで、徳川家中での謀叛事件を意図的に隠蔽しようとするもの、とみなされている。

そしてこの謀叛が起きたのは、武田軍が三河に侵攻してきて、足助城を攻略した時のことであった。そのためこの謀叛が計画された背景に、当時における徳川家と武田家の抗争状況をみることができる（柴前掲書など）。家康は武田家に対し、天正元年七月から反攻を開始していたが、奥三河の長篠・野田・足助各領、遠江の高天神領を回復したにすぎず、その高天神領も同二年六月に奪回されていた。そしてこの天正三年三月に、武田軍から奥三河への進軍をうけ、四月に足助領・野田領を経略される状態にあった。家康の劣勢は決定的であったといってよい。

そうした状況のため、石川や大岡らは、武田家に味方することで、自らの存立の維持を図ろうとして、謀叛を企図したと考えられる。事件はたまたま、山田の裏切りによって未然に防がれた。武田軍は足助城から作手に進軍したところで、謀叛事件が発覚したため、「調儀違い《ちょうぎ》」（作戦違い）となって、二連木への進軍に変更したという（『三河物語』）。謀叛成功の際に岡崎城の攻略にあたることになっていたのは、山県昌景の軍勢であろう。山県は、石川や大岡らの謀叛事件が不成功になったことで、作戦を変更して作手にすすみ、勝頼の本軍に合流したのだろうと思われる。しかし山田の裏切りがなければ、謀叛が成功していた可能性は十分にあった。もし岡崎城が武田方に帰属したとしたら、三河はそれこそ武田家の領国になってしまい、そうすると遠江南西部を維持するにすぎなかった家康の運命も、どうなったかわからない。まさに間一髪であった。ここに家康の第三の強運をみることができる。

石川や大岡らの謀叛が、武田家による攻勢への対応であったことは確かとみなされる。しかしことはそれだけではなかったと考えられる。勝頼の調略は、家康の正妻にして信康の生母であった築山殿《つきやまどの》に伸びていたと考えられるからである。むしろ築山殿を通じて、石川や大岡ら信康家臣団中枢に、武田家の調略がおよんだものであった、とみなされる。そしてそれが四年後における築山殿・松平信康事件へと展開していくことになる。この事件への築山殿の関与の内容については、次章で取り上げることにしたい。

長篠合戦への展開

勝頼は、吉田城攻略を諦めると転進し、五月一日から長篠城攻撃を開始した。ここから同月二十一日の長篠・設楽原合戦へと展開していくことになる。その経緯については、すでに平山氏（『長篠合戦と武田勝頼』）や金子氏（『長篠の戦い』）に詳しく明らかにされている。そのためここでは、それらの成果をもとに、家康の動向を中心に取り上げることにしたい。

武田軍は、六日に牛久保城への攻撃をおこなったうえで、十一日から長篠城攻撃を本格的に開始した。家康は、吉田城に在城したままであったとみられている。何しろ武田軍は、少なくとも徳川軍の倍はあったに違いないから、迂闊《うかつ》には立ち向かえなかったであろう。この直前の時期、織田信長は河内《かわち》で三好家・大坂本願寺と対戦していて、河内の諸城を攻略するとともに、本願寺への付け城を構築して、四月二十一日に京都に帰陣した。本願寺への本格的な攻撃は、秋に再開することとした。すでに勝頼の三河侵攻は報《しら》されていたであろう。これをうけて信長は、本願寺攻めを一旦休止し、家康に加勢することにしたのであろうと思われる。

信長は四月二十八日に岐阜《ぎふ》城に帰陣した。その直後の五月初め、家康は家老の石川数正と奥平信昌の父定能を岐阜城に派遣して、出陣を要請したという。信長は、「三河が滅べば織田家も危機にさらされる」として、五月中旬の出陣を約束したという（「当代記」）。実際にも五月十三日に、信長は嫡男信忠とともに出陣し、三河に向かった。そして十四日には岡崎城に到着した。信長の出陣をうけて、家康と信康は岡崎城で信長を出迎えた。この時、信康は初めて岳父の信長と対面したことと思われる。信長は前年に吉田城まで進軍してきていたが、信康がそれを出迎えたという記録はないからである。

信長と家康はともに出陣し、十六日に牛久保城、十七日に野田原に着陣した。そして十八日に、長篠城近くまで進んで設楽原に着陣した。軍事行動においては、「先陣は国衆《くにしゅう》が務める」のが定則であった。そのため家康は、より長篠城に近い位置に布陣するのである。これはこの軍事行動の主将が、信長であったことを如実に示している。信長は家康への援軍として出陣してきたのであったが、信長と家康の関係は、信長がすでに事実上の「天下人」として、家康を配下に置く関係にあったため、軍事行動は信長が管轄したのであった。

織田・徳川軍は、陣城《じんしろ》を構築し、しかも堅固にかためた。これをみた勝頼は二十日、織田軍らは「なす術《すべ》なく、とても困っている」と観測した。そのため敵陣を攻撃することを決断し（愛11一〇九八）、設楽原に軍勢を移動させるのであった。しかし信長は、陣城を堅固にすることで、武田軍との決戦を回避し、武田軍が後退することを図っていたと考えられる。信長は秋に本願寺攻めを再開することを予定していた。そのため軍勢に大きな損失を出すことは避けたいと考えていた、とみなされている（金子前掲書）。ところがそれを勝頼は、信長の弱気とみてしまった。弱気の相手には積極的に攻撃するのが一般的であった。勝頼はそれにならって、織田・徳川軍への攻撃にでていったのである。

両軍の合戦は、翌二十一日におこなわれた。結果は武田軍の大敗で、御一門衆の河窪《かわくぼ》武田信実《のぶざね》（信玄の弟）・望月左衛門尉（信玄の弟信繁の三男、信濃《しなの》国衆望月家の当主）、家老の馬場信春・山県昌景・内藤昌秀・原昌胤《まさたね》・甘利《あまり》藤蔵ら、国衆の真田信綱・禰津《ねづ》月直《あきなお》・安中景繁《しげ》など、「一手《いって》」（軍団）を率いる錚々《そうそう》たる有力者が数多く戦死してしまうというものであった。敗戦により勝頼は甲斐《かい》に後退せざるをえなかった。

逆に信長と家康は、合戦後、武田方の諸城の攻略をすすめていった。信長はすぐに帰陣するが、嫡男信忠とその補佐役の家老・佐久間《さくま》信盛《のぶもり》の軍勢によって、六月に奥三河を経略させ、七月から東美濃の経略にあたらせた。家康は五月下旬に遠江中央部に進軍し、七月に光明《こうみょう》城・犬居《いぬい》城（浜松市）を相次いで攻略、八月に諏訪原城を攻略する、という具合であった。信長と家康は、武田家への大勝を機に、武田家から経略された地域の奪還をすすめていったのである。

第六章　築山殿・信康事件の真相

築山殿・信康事件とは

築山殿《つきやまどの》・信康《のぶやす》事件というのは、天正《てんしょう》七年（一五七九）八月四日に、家康が岡崎城主であった嫡男・松平信康を、「逆心」を理由に追放し、次いで幽閉し、同時に家康の正妻で信康の生母であった築山殿を幽閉したことにはじまり、同月二十九日に築山殿を自害させ、続いて九月十五日に信康を自害させた、というものである。この事件は、「築山殿事件」「信康事件」「築山殿・信康事件」などと称されている。戦国大名家の当主が、正妻と嫡男をともに同時に自害させるという事態は、ほとんど類例をみない、極めて異常な事態である。ではどうして家康は、このような措置をとったのであろうか。

しかしながら事件については、関係史料がほとんど残っておらず、真相は現在でも判明しない。具体的に把握できる事柄は、家康が織田信長の側近家臣である堀秀政《ほりひでまさ》に宛てた書状から、天正七年七月に、家康は筆頭家老の酒井忠次《ただつぐ》を、近江安土《おうみあづち》城の織田信長のもとに派遣して、信康は「不覚悟」であるからとして、信長から信康追放について了解をえて、信康を追放した、ということにすぎない（愛11 一三三六）。そして家康は、岡崎城から信康を追放して五日後の九日に、信康を本拠・浜松城近くの堀江城に移し（その後さらに二俣《ふたまた》城に移したが、時期は不明）、十日に三河衆（三河在国の家臣団）から信康に内通しないことを誓約する起請文《きしょうもん》を提出させたうえで、十三日に浜松城に帰還している。そして岡崎城には、新たに城代として重臣の本多重次を派遣している（『家忠日記』愛11 一三三五・一三三七）。当時の史料から判明する事件の経緯は、ほぼこれらのことにすぎない。

事件の背景について記しているのは、江戸時代成立の史料にならないとみられない。そのなかでもっとも成立が早いのは、『三河物語』になる。そこには、信長の長女で信康の正妻であった五徳《ごとく》が、信康の不行状を十二ヶ条の条書にまとめて信長に訴訟し、信長からその真偽について酒井忠次が尋問をうけ、酒井がすべて事実であることを認めたため、信長は家康に、信康を切腹させるよう命じた、と記されている。この内容は、その後の江戸幕府関係の史料に踏襲され、近年まで通説をなしてきた。そのためこれまでは、信長はど

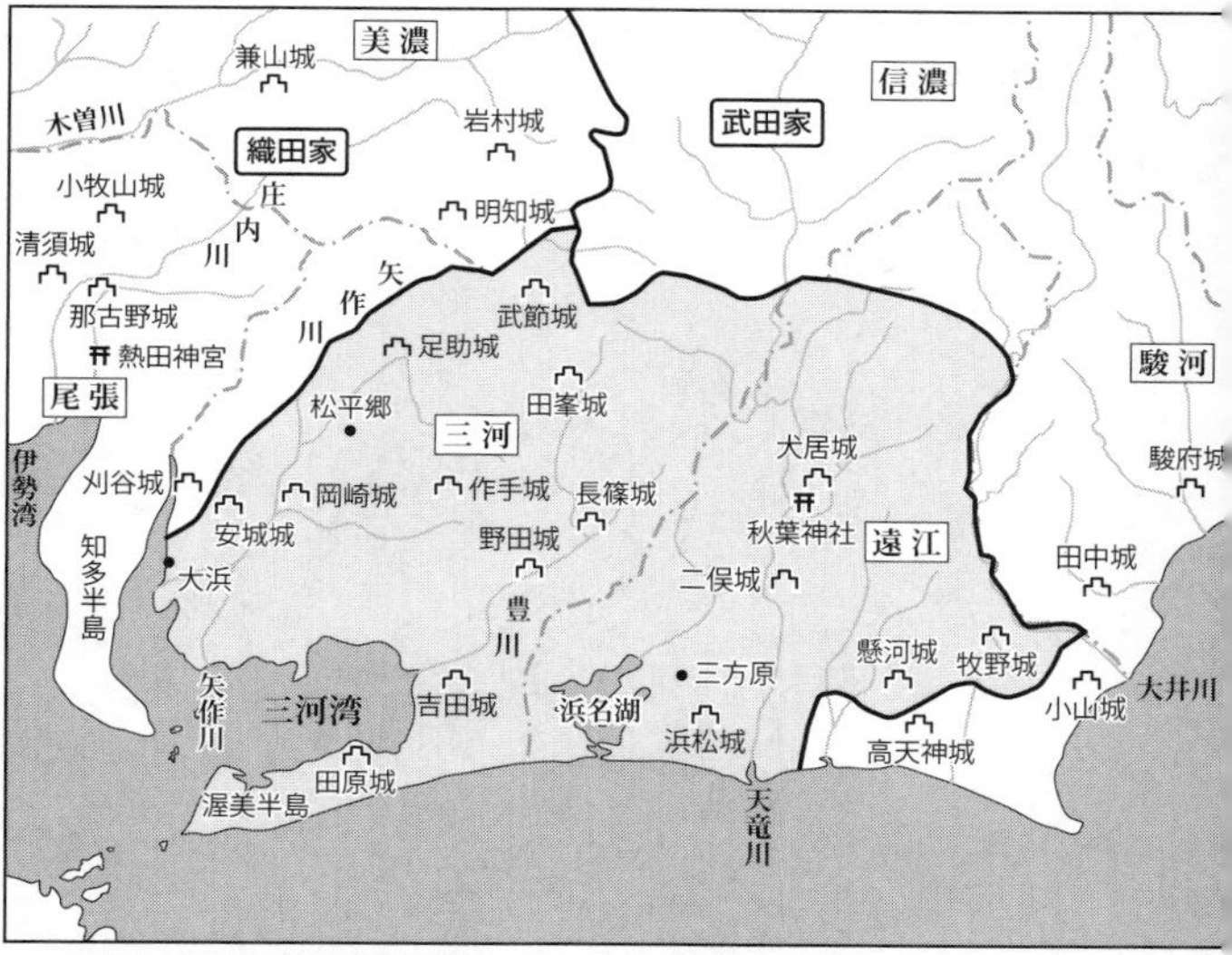

天正７年時の徳川家領国図。谷口克広『信長と家康』をもとに作成

うして信康を切腹させたのか、ということが考えられてきた。

ところが家康が堀秀政に宛てた書状や、「当代記」「安土日記」（『信長公記《しんちょうこうき》』の古態本）など信頼性の高い史料によって、信康処罰は、家康から信長に申請したもので、信長から、家康の考え通りとしてよい、と了解を得たにすぎないことが明らかになっている。したがって処罰の意志は、家康にあったのである。このことから『三河物語』の内容は、信康処罰を信長の意向によるとすることで、処罰の意思が家康からでたことを隠蔽しようとしているものとみなされる。その後に成立した徳川家関係の軍記史料や編纂記録のほとんどは、この見立てを踏襲してきた。しかし実際には、事件は徳川家中のなかで発生したとみなされるのである。

それではなぜ、家康は信康そして築山殿を処罰することにしたのであろうか。さらには自害させたのであろうか。真相を伝える当時の史料は存在していないので、そのことを追究するには、当時における徳川家をめぐる政治情勢、徳川家における築山殿と信康の立場、などのことから導き出していかなければならない。これについては近時、『家康の正妻　築山殿』において詳しく検討したところである。ここではその成果をもとに、事件について取り上げていくことにする。なお同書では、谷口克広氏（『信長と家康』）・本多隆成氏（『徳川家康と武田氏』）・平山優氏（『武田氏滅亡』）・柴裕之氏（『徳川家康』）を多く参照しているので、あわせてそれらの研究にもあたっていただきたい。

大岡弥四郎事件への築山殿の関与

事件の遠因は、前章で取り上げた大岡弥四郎《やしろう》事件にあったと考えられる。『三河物語』は、大岡弥四郎事件について築山殿の関わりを記していないが、「岡崎東泉記」『石川正西聞見集』には、そのことが記されている。両史料では、築山殿・信康事件の一環で、大岡弥四郎事件における築山殿の動向が記されているのである。同じような内容は、「松平記」にもみえていた。しかし同史料の信頼性は、それほど高くはない。しかしながら内容の信頼性は高いとみなされる「岡崎東泉記」『石川正西聞見集』にそのことがみえていることから、それは事実と認めてよいと考えられる。内容を詳しく記しているのは「岡崎東泉記」である。そこには次のように記されている。

天正三年（一五七五）になって、甲斐《かい》の口寄せ巫女《みこ》（神仏の意思を語る巫女）が岡崎領に大勢きていて、それにつけ込んで武田勝頼《かつより》が、巫女を懐柔して、築山殿に取り入らせた。それは築山殿の下女にはじまり、奥上﨟《おくじょうろう》（女性家老）にまで達して、ついに築山殿に目見えするまでになった。そこで、「五徳を勝頼の味方にすれば、（勝頼が天下人になり）築山殿を勝頼の妻とし、信康を勝頼の嫡男にして天下を譲り受ける」という託宣を述べさせた。また西慶という唐人医で築山殿の屋敷に出入りしていたものを、この談合に巻き込んだ、とある。そしてこれに続いて、大岡弥四郎らを大将分として、勝頼から所領を与える判物が出されたことが記されているので、西慶が大岡らに働きかけた、ということであろう。

石川や大岡らが企てた謀叛《むほん》は、たしかに勝頼の調略をうけたものであろう。それは築山殿に出入りしていた唐人医の西慶を通じてのものであった、という。ちなみにこの時期、築山殿は岡崎の築山屋敷に居住していて、浜松城在城の家康とは、別居状態になっていた。けれども西慶は武田家家臣ではなく、そうした者の働きかけを簡単に信用するとは考えられない。またその西慶を謀議に引き込んだのは、勝頼から指令をうけていた巫女であるといい、そのこと自体はありえなくもない。ただその巫女は、築山殿に取り入って、武田家に味方するよう吹き込んだことは記されているものの、築山殿と信康にそれ以上の働きかけをしたことは記されていない。しかしそれだけで、家老や町奉行、家老の家臣が謀叛を企てるとは考えがたい。

事件の深刻さをみれば、そこに築山殿の意向が働いていたとしか考えられない。「岡崎東泉記」には、勝頼の調略が、築山殿に伸びていたことがみえているからである。そこには信康は登場していないから、信康は関知していなかったであろう。信康はまだ一七歳にすぎなかったので、主体的に家康への謀叛を考えられたとは思えない。これらのことからすると、信康家臣団中枢に謀叛をはたらきかけたのは、築山殿であった可能性が高い。築山殿が武田家に内通し、謀叛事件を画策したことは、おそらく事実と思われる。

築山殿の意図は何か

では築山殿が、謀叛を企図したとして、それはどのような理由からと考えられるであろうか。「岡崎東泉記」は、その前提として、家康との夫婦仲が不和であったことを記しているが、それは家康と築山殿が別居していたから不和と認識しているのであろうから、十分な理由にならない。巫女による託宣の内容は、築山殿と信康のその後の進退に関わることであった。そうすると考えられることは、信康のその後における存立であったに違いない。先に触れたように、この時期、徳川家の存続は危機的な状況に陥っていた。そのため築山殿が、徳川家の滅亡を覚悟するようになっていたことは十分に考えられる。それへの対策として、築山殿は武田家に内通し、信康を武田家のもとで存立させる選択をしたのではないかと思われる。

軍事的劣勢に陥っていた戦国大名家・国衆《くにしゅう》家において、嫡男や有力一族が、敵方大名に内通して、当主を追放したり滅亡させることで、存続を果たすという事例は普通にみられた。そのことを踏まえるならば、ここで築山殿がそのような選択をしたことは、ごく当たり前のことであったといってよい。築山殿にとっては、夫家康よりも、嫡男信康の存立のほうが、はるかに大切であったに違いない。またその託宣では、築山殿は勝頼の妻になり、信康は勝頼の養子になることがみえている。こうした働きかけが有効であったのかどうかはわからない。ただ武田家と徳川家の同盟の証しとして、築山殿が勝頼の妻の一人になるという選択肢は、ありえないことではない。そうした事例も当時、広くみることができるので、築山殿が勝頼に再嫁するという選択肢は、十分に存在したとみなされる。

　これらのことからすると、築山殿が武田家に内通したことは、ほぼ確かなことであったと思う。それは嫡男信康の存立を考えてのことであった。築山殿は、武田家のもとで、信康を当主に戦国大名徳川家の存続を果たそうとしたと思われる。しかし謀議は露見して謀叛事件は未遂に終わり、石川や大岡ら主謀者は処罰された。しかし謀議の大きさのわりには、処罰されたのは中心メンバーにすぎなかったといってよい。おそらくは多くの信康家臣団が参加していたことであろう。しかしそれをすべて処罰してしまっては、信康家臣団は崩壊してしまうし、何よりも武田家との抗争のなかで、それはできなかったのであろう。そのため主謀者だけの処罰とし、また事件も大岡弥四郎の個人的な野望によるものと矮小《わいしょう》化《か》させたのであろう。

　この事件に、築山殿が関与していたことは、家康も十分に認識したに違いない。しかし築山殿を処罰すれば、それは家中の大混乱を生じさせ、さらなる叛乱を引き起こしかねなかったであろう。家康はそのように判断して、築山殿の行為については不問に付したと思われる。しかしそれは、築山殿と家康との関係を、決定的に悪化させることになったであろう。けれども家康は、築山殿を離縁しなかったし、あるいは築山殿に代わる妻を迎えることもしていない。その理由をどのように考えればよいかはわからないが、正妻を簡単には離縁できなかったのだろうし、それに代わる妻を簡単には立てられなかったのであろう。こうしたところに、正妻の地位の重さをうかがうことができるように思う。

信康と妻・五徳の不和

こうして家康と築山殿とのあいだに、信頼関係は失われることになった。築山殿の存在は、嫡男信康の生母という立場に特化するようになり、信康の存在に決定的に依拠するようになったことであろう。そうしたところに、信康とその妻・五徳とのあいだに不和が生じるようになった。両者が結婚したのは、先に触れたように永禄《えいろく》十年（一五六七）五月のことであった。そしてそのあいだには、天正四年（一五七六）に長女福姫（登久姫《とくひめ》、のち小笠原秀政妻）が、同五年に次女久仁《くに》（熊姫、のち本多忠政妻）が生まれている。両者のあいだに不和が生じるようになったのは、それら二人の娘の誕生後のことであったろうか。

大岡弥四郎事件の翌年の天正四年から、信康について、粗忽《そこつ》な行動が記録されるようになっている（「当代記」）。これはその後に問題とされていく、信康の「不覚悟」の始まりとみられる。そうして信康は、家康の命令を聞かず、岳父の信長を尊重せず、家臣に迷惑な行為を行った、といわれるまでになっていくのである（同前）。『石川正西聞見集』にも、「行状が悪く、家臣が苦労した」と記されているので、信康の不行状は、おそらく実際のことだったのだろう。ちょうど不行状が始まるのが、大岡弥四郎事件ののちからであることからすると、その根底には、家康と築山殿の不和があり、それが家康と信康の関係にも影響するようになったとも考えられよう。

そのうえでさらに、信康は五徳とも不和になっていった。その理由について「松平記」は、五徳が続けて娘を産んだことを理由にあげている。しかしこれは信用できない。これからもまだ出産は可能であり、そこで男子が生まれる可能性もあるからである。娘しか産まれていないことを理由にあげているあたりは、「女の腹は借りもの」とする江戸時代特有の観念をもとにしたものと考えられる。

さらにその前提に、築山殿は織田家出身の五徳のことを、今川家の仇として忌み嫌っていたことを記している。しかしこれも信用できない。たしかに築山殿は、家康が今川家から自立したことで、実家とは絶縁状態になった。しかしそうしたことは戦国大名の外交関係においては、一般的なことであった。また「松平記」は、築山殿の父・関口氏純《うじすみ》は、家康が離叛《りはん》したことを理由に今川氏真《うじざね》から自害させられたとか、家康と築山殿が別居したため、家康は妾を多くもち、そこから多くの子どもを産ませていたことを記しているが、いずれも事実ではない。関口氏純は自害させられていないし、築山殿の承認しない妾や子どもの存在はみられていなかった。

信康と五徳が不和になった経緯について、もっとも真実味のある内容は、「岡崎東泉記」にみえているものになる。そこには、信康が五徳に、築山殿に楊枝を取るよう指示したが、五徳はそれを無視したため、信康は五徳をなじり、五徳はそれに腹を立てたことが記されている。これは一見すると、他愛もない夫婦喧嘩とも思えるが、信康と五徳では、五徳のほうが政治的地位は上であったから、それはすぐれて政治問題に転化しえた。信康はそうした五徳との関係を蔑《ないがし》ろにしたことになる。信康がのちに、信長を尊重していない、といわれるようになっているのは、こうしたことを指しているのかもしれない。

そして五徳は、信康への腹いせに、信長に、信康の不行状を記した十ヶ条の条書を送るのである。ちなみに『三河物語』ではそれは十二ヶ条となっている。そしてその条書には、「岡崎東泉記」「松平記」などには、かつて天正三年に築山殿が武田家に内通していたことが記されていたことがみえている。「岡崎東泉記」『石川正西聞見集』が、築山殿の武田家内通と築山殿・信康処罰を一連の過程で記していることから、それは事実であったとみてよいであろう。

五徳がこの訴状を出した時期は明確でないが、信長は天正四年末・同五年末・同六年正月と、集中して三河吉良に鷹狩りに訪問してきており、それは五徳の問題に関わってのことと推測され、おそらくは同六年正月に、五徳は信長に訴状を出したのではないかと思われる。信長はその内容について酒井忠次・大久保忠世《ただよ》（一五三二～九四）に尋問し、内容が事実であることを認識する（「松平記」など）。こうしてひょんなことから、築山殿の武田家内通の過去が、信長の知るところとなってしまった。

この事態をうけてか、二月に築山殿は、西三河衆・深溝松平家忠に書状を出し、直後に信康が自ら松平家忠のもとを訪問している（『家忠日記』増補続史料大成本刊本八頁・愛11一二七二）。こうした事例は他にはみられていないので、特別なこととみなされる。そのため何らかの善後策を講じたものではないか、とみなされている。

信康処罰の決断

こうして信長に、築山殿が武田家に内通していたことがあったという過去が知られてしまった。酒井忠次と大久保忠世がそのことについて信長から尋問をうけ、承認してしまったであろう。実際にも隠し通せることではなかったろうから、両者としても承認せざるをえなかった。しかしこれによって家康は、築山殿と信康の処遇について考えざるをえなくなったに違いない。

家康の反応を示す最初は、五徳が信長に訴状を出したとみられてから八ヶ月後となる天正六年（一五七八）九月に、信康と三河衆との政治的繋《つな》がりを切断する処置をとったことである。三河衆は、徳川家への忠誠を示す行為として、当主は妻とともに、岡崎城下の屋敷に居住していた。家康はここで、それら三河衆をすべて本拠に帰還させることにしたのである。信康は岡崎城主として、日常的にそれら三河衆と交流していたから、これはその関係を切断するためであったとみて間違いない。家康は、この時点で信康を危険視するようになっていた、すなわち信康を警戒するようになっていることがうかがわれる。家康は、この頃から築山殿と信康の処罰を考えるようになっていたと思われる。

もとより信康自身は、かつて武田家に内通したわけではなかったと思われるものの、内通事件では、築山殿と信康はともに武田家に味方することになっていた。そのため家康は、両者を同罪とみなさざるをえなかったのであろう。すなわち、信康が実際に武田家に内通したことがあったかどうかは問題外で、築山殿が武田家に内通した際に、信康もそれに味方することになっていたことが問題であった、ということであったろう。それは端的にいえば、信長への忖度《そんたく》ということになる。家康としては、「天下人」信長に対し、かつて謀叛を企てたことがあった以上、処罰せざるをえない、と考えたに違いない。

とはいえ家康は、信康を直《ただ》ちには処罰していない。理由は明確ではないが、いまだ武田家との抗争が続いていたからではないか、と思われる。前章で述べたように、長篠《ながしの》・設楽《したらが》原《はら》合戦後、家康は武田家に経略されていた地域の奪回をすすめていて、その年のうちに奥三河、二俣城を含む遠江《とおとうみ》中部、諏訪原《すわはら》城を含む遠江東北部までの回復を遂《と》げていた。しかしその後は膠着《こうちゃく》状態に陥っていた。家康は高天神《たかてんじん》城の攻略をすすめていたが、容易に攻略することができず、武田軍との攻防を繰り返すだけの状況になっていた。そうしたなかで信康を処罰することは、徳川家の軍事力を低下させることになってしまうため、すぐには踏み切れないでいたのではないか、と思われる。

そして家康が、築山殿と信康の処罰の決断をしたのは、天正七年六月のことであったと思われる。六月五日に家康は、岡崎城を訪れた。そこで家康は、信康と五徳の「中直し」にあたった、といわれている（愛11 一三一七）。史料にはそのように記されているが、その後の展開を踏まえると、これは五徳に、信康処罰の了解をうるためであったと考えるのが妥当である。五徳は信長の娘であったから、あらかじめ五徳から信康処罰について了解をえておく必要があったに違いない。さらに処罰後における、五徳と信康とのあいだに生まれた二人の娘の処遇について、五徳の意向を確かめておく必要もあったであろう。

家康がこの時に、築山殿・信康の処罰を決断した背景には、この年四月に三男秀忠（幼名長丸《ようみょうちょうまる》、一五七九～一六三二）が誕生していたこと、正月から北条《ほうじょう》家と通信するようになっていて、武田家と北条家の同盟関係が解消に向かうようになっていたこと、があげられるように思う。

秀忠の誕生は、新たな嫡男の誕生を意味したことであろう。実際には家康には、次男秀康（一五七四～一六〇七）が存在していたが、築山殿の承認のない誕生であったため、いまだ家康の子として認知されていなかったとみなされる。したがって家康の男子は、公的には信康しかいなかった。そこに新たに男子が誕生した。その誕生に、築山殿は関知していなかったであろうから、家康は築山殿の承認をうることなく、秀忠を誕生させたのだと思われる。すでに家康は、築山殿を徳川家の「家」妻として扱わなくなっていたことがうかがわれる。

そして武田家と北条家の関係は、二月頃には、両国の境目で不穏な情勢が生じるようになっていた。両家の手切れは七月には実現されるが、それ以前の段階で、両家は手切れを見据えた外交戦略を展開するようになっていたに違いない。そのなかで北条家は、家康に同盟をはたらきかけるようになっていたことであろう。家康にとって、北条家との同盟に応じれば、武田家との抗争を優位に展開することができることになる。そのため築山殿・信康処罰を実現することが可能と判断したのではなかったか、と思われる。

信長から了解をえて信康を追放

そして家康は、五徳から了解をえたことをうけて、七月に信長に信康処罰を申請した。家康は信長に、信康が「不覚悟」であるから、として追放を申し入れた（愛11　一三三六）。「安土日記」（『信長公記』の古態本）には、「信康が『逆心』（謀叛）するという噂により、家康と家老たちは、信長に対して申し訳ないとの気持ちから、信康を追放した」とある（谷口前掲書・平山優『武田氏滅亡』引用)。また「当代記」には、「信康は信長の婿ではあるが、父家康の命を聞かず、信長をも軽んじ、家臣には非道な振る舞いをしているので、処罰する意向への了解を求めたところ、信長からは『そのように父と家臣から見限られているのであれば、家康の存分次第にしてよい』と了解を得たことで、信康を追放した」とある。

家康が信康処罰を信長に申請したのは、当時、家康は信長に従属する織田大名の立場にあり、信康の正妻五徳は信長の娘であったからであった。家康は、信康は信長の娘婿であったため、自身の子であったにもかかわらず、一存で処罰することができなかったのである。さらにまた、信康を処罰するということは、信康を廃嫡することでもあった。それは家康の後継者が、他者に交替されることを意味した。家康は信長の従属大名の立場にあったため、嫡男を交替させることはもちろん、誰を後継者にするかについて、信長の了解を必要としていた。そのために家康は、信康処罰、それにともなう信康廃嫡について、信長から了解をうる必要があったのである。

信長から了解をうると、家康は八月三日に岡崎城に赴いて、翌四日に信康を岡崎城から追放し、領国西端に位置した大浜(碧南《へきなん》市)に幽閉した(愛11 一三三五)。大浜は織田家領国との境目に位置していたから、この大浜への追放は、信長にそのことを明示するためのもの、とみなされる。そしておそらく、同時に築山殿も幽閉したと思われる。そのうえで家康は、五日に三河衆を率いて西三河に進軍した。これは軍事行動であったから、いうまでもなく示威行動をとったものになる。信康に味方する三河衆の存在を想定し、西三河に進軍することで、それを牽制するためであったろう。家康は、西三河衆に信康支持派が存在する可能性を想定していたのであろう。

そして六日に、岡崎城の臨時の在城体制を決めた。本城には長沢松平康忠《やすただ》と榊原康政《さかきばらやすまさ》、北城には竹谷《たけのや》松平清宗《きよむね》と鵜殿康孝《うどのやすたか》を在城させた。これはすなわち岡崎城を軍事的に占領したことを意味している。それまで同城は、信康家臣団によって守衛されていたと考えられる。かつて大岡弥四郎事件の際に、信康家老の鳥居九兵衛が「城代」を務めていたからである。家康は同城の在城衆から信康家臣団を排除し、信用のおける側近家臣の榊原、東三河衆の松平氏一族と鵜殿家に在番させたことになる。

次いで九日に、大浜で幽閉していた信康を、小姓五人だけを同行させて、今度は遠江堀江城に移し、そこで幽閉した。大浜での幽閉は、信康追放を信長にアピールするものであったから、その役割は終えたということで、浜松城に近い堀江城に移して、監視下に置きつつ幽閉を続けることにしたと思われる。そして十日、家康は三河衆から、信康に内通しないことを誓約する起請文を徴収した。家康は西三河に軍事的示威行動をおこない、いまた起請文を徴収するというように、三河衆のなかに信康に味方するものが出ることを、真実警戒していたとみなされる。しかし実際には、三河衆のなかから信康に味方するものは、一人も出ることはなかった。

これらによって、家康の三河衆への疑念は解消されたことであろう。このように岡崎城の在城体制を再編し、三河衆からあらためて忠誠を誓約させたことで、信康追放にともなう処置を終了し、十三日に家康は浜松城に帰還した。そして岡崎城には、新たな城代として、重臣の本多重次を派遣した（愛11 一三三七）。

築山殿・信康の自害

家康が警戒した、信康に味方する勢力が出ることはなかった。ちなみにこのことからみても、信康の「逆心」は、この時にはなかった可能性が高い、とみることができる。「逆心」とは、四年前の大岡弥四郎事件における築山殿の武田家への内通にともなうものであった、とみなされる。しかし同時に、家康は三河衆のなかから信康に味方するものが出ることを、実際に警戒していた。それは家康が、三河衆のなかに、家康に叛乱しかねない状況があったことを認識していたことを意味しているであろう。

そのことについては柴氏は、三河衆には、武田家との戦争継続に反対する存在があり、家康を直接に支える浜松衆とのあいだで、路線対立が生じていた可能性を指摘している（『徳川家康』など）。三河衆への警戒ぶりからみて、徳川家家臣団に内部対立がみられていた可能性は十分に想定される。そうであれば家康は、「逆心」の経緯のあった築山殿と信康を処罰することで、対武田戦争に関する家臣団における路線対立の解消をも図った、とみることができるであろう。

家康は築山殿と信康を処罰し、ともに幽閉した。その後についてはどのように考えていたとみることができるであろうか。もし殺害を考えていたのなら、幽閉後直ちに殺害したことであろう。しかし実際には、築山殿の死去は八月二十九日のことで、信康追放から一ヶ月近くものちのことであった。さらに信康の死去は、それから半月が経った九月十五日のことであった。これらはいずれも処罰からあまりにも日数が経過しており、このことから家康が、当初から両者の殺害までを考えていたとは思えない。おそらくは幽閉を続ければよいと考えていたのではなかったか。

しかし実際には、その後に自害になっている。こうした場合は、当初は殺害する予定はなかったが、その後に事情が変わって殺害することになったか、当事者が自害したか病死したか、ということが考えられる。築山殿の死去は、岡崎から浜松に移送される途中のことであった。一般的には家康によって殺害されたとされているが、その死去について記すなかでもっとも成立時期が古い『石川正西聞見集』は、三方原《みかたがはら》で輿《こし》のなかで自害した、と記している。これがもっとも妥当であるとみなされる。

自害が、築山殿の意志か、家康の命令か明確でないが、私は『石川正西聞見集』の記載をもとにすると、築山殿の意志とみるのが適当と考える。仮に家康からの命令とした場合、わざわざ移動中に輿のなかで自害を強要する必要はないと思うのである。自害を求めるのであれば、岡崎の築山屋敷でよかったはずであろう。だから自害は、築山殿の意志ととるのが妥当と考える。築山殿としては、浜松に送られ、これから残りの人生を幽閉し続けられることを嫌ってのことと思われる。

信康は、堀江城からさらに二俣城に移されていた。移動の理由は判明していないが、家老の大久保忠世に預けることが優先されたのだろうと考えられる。そして九月十五日に、二俣城の城外・清滝寺で自害した。検使として家康から家臣が派遣されているので、これは家康による命令であったことがわかる。ではなぜこの時になって自害させたのか。ちょうどその日は、徳川全軍が武田家との対戦のため、近辺の懸河城《かけがわ》に集結していた。北条家との初めての協同の軍事行動として、武田家を挟撃するためであった。二俣城は懸河城に近い位置にあった。このことからすると、武田家との対戦を前に、不穏の事態を回避するため、信康殺害にいたったのであろうと思われる。

家康はおそらく、築山殿・信康ともに自害させるつもりはなかったと思われる。しかし築山殿は、幽閉され続けることを拒否し、自ら命を絶ったのであろう。信康は、幽閉先が二俣城であったため、近辺で徳川全軍が集結することになったことで、不穏の事態を未然に防ぐため、自害を命じることになってしまったと思う。そのように考えることで、処罰から一ヶ月近く経って築山殿が自害し、さらに半月以上経って、信康を自害させたことについて、はじめて整合的に理解できるように思う。

第七章　天正壬午の乱における立場

五ヶ国大名への途

家康は、永禄《えいろく》九年（一五六六）に、織田家領国部分を除く三河の領国化を遂《と》げて、三河一国を領国とする戦国大名となった。同十二年に、武田信玄《たけだしんげん》との協同の軍事行動によって、遠江《とおとうみ》一国の経略を遂げて、遠江・三河二ヶ国を領国とする戦国大名に成長した。しかしその後の元亀《げんき》三年（一五七二）からの武田家との抗争により、逆に遠江・三河の多くの地域を経略される状況になった。

天正《てんしょう》三年（一五七五）の長篠《ながしの》・設楽原《したらがはら》合戦の勝利によって、大幅に領国の回復をすすめていくが、武田家との攻防は膠着《こうちゃく》状態になり、ようやくに遠江の大部分を回復したのは、同九年のことであった。その時でも武田家の領国は、甲斐《かい》・信濃《しなの》・駿河《するが》・上野《こうずけ》四ヶ国におよんでおり、まだまだ家康が対抗するには大敵であった。武田家との抗争は、足かけ十年におよんでいたが、結局、遠江の完全回復はなしえないという状況であった。

天正十年二月から、織田信長による武田家攻めが開始される。家康もそれに従い、駿河に侵攻し、駿河西部・中央部の経略を遂げた。そして武田家は、織田家の先陣の侵攻だけで、三月十一日に武田勝頼《かつより》が自害し、滅亡した。この時、北条氏政《ほうじょううじまさ》・氏直《うじなお》（一五六二〜九一）父子も信長に従属する関係にあって、この武田家攻めでは信長の管轄のもとで軍勢を進軍させていて、駿河東部の経略を遂げていた。同月二十九日に信長は旧武田家領国の分配をおこない、甲斐・信濃・上野については織田家の家老たちに与える一方、駿河一国は家康に与えられた。駿河東部は北条家が占領していたが、これにより北条家から引き渡された。

ここに家康は、遠江・三河に加えて駿河をも領国とし、三ヶ国の大名になった。しかしこの駿河は、家康が自力で経略したものではなく、「天下人」信長から与えられたものであった。このことは家康が、信長に従属する大名の立場になっていたこと、さらに領国を与えられたということで、信長とのあいだに主従関係があることを明確に示すものであった。

ただし駿河一国を領国として与えられたとはいっても、そのなかには国衆《くにしゅう》領国として穴山武田家領国が存在した。同家は、甲斐河内領《かわうち》（甲斐西部）と駿河江尻領《えじり》（駿河中央東部）を領国としていて、武田家滅亡以前に、家康を通じて信長に従属を認められ、武田家滅亡後も領国をそのまま認められた。穴山武田家は、信長に直接に従属する関係にあったため、家康の領国統治は同家の領国にはおよばない、治外法権に置かれた。その一方で穴山武田家は、家康に附属され、その与力《よりき》に位置付けられた。これは軍事行動の際、穴山武田家は家康の軍事指揮下に入るというものであった。しかしその軍事指揮は、あくまでも信長の指令によるものであり、家康が自由におこなえるものではなかった。

家康は、信長から駿河一国を与えられたとはいっても、中央東部に治外法権におかれた穴山武田家領国が存在する状態にあった。決して駿河一国を独自に統治する立場になったのではなかった。家康が駿河一国の統治を確立するのは、同年六月に起きた本能寺の変によって生じた織田家領国の混乱をうけてのことになる。本能寺の変の影響で、家康に同行していた穴山武田不白《ふはく》（法名《ほうみょう》、実名は信君《のぶただ》）が不慮の死を遂げたことをうけて、家康が穴山武田家の領国を接収したことによる。

さらにその混乱のなかで、甲斐・信濃・上野の旧武田家領国をめぐって、北条家・上杉家との抗争が展開される。この戦乱は、天正壬午《てんしょうじんご》の乱と称されている。この戦乱を通じて、家康は甲斐と信濃の大部分の領国化を遂げて、一躍して五ヶ国を領国とする大大名に成長することになる。しかしそれら本能寺の変後における領国拡大も、家康は独断で遂行したわけではなかった。すべて織田家の了解をえてすすめられたものであった。領国の経略は家康の独力によったが、それらは本来は織田家領国であったため、家康はあくまでも織田大名の立場としてそれをおこなった。それにより家康は、以後における織田家の政治体制のなかで、新たな位置を占めるものとなる。本章ではそれらのことについて取り上げていきたい。

本能寺の変と「伊賀越え」

天正十年（一五八二）六月二日の本能寺の変により、「天下人」にして織田家の家長であった織田信長と、織田家当主であったその嫡男・信忠が戦死したことにより、織田家は大いに動揺することになる。その時、家康は穴山武田不白とともに、和泉堺《いずみさかい》に滞在していた。家康と穴山は、五月十五日に領国拝領などについての御礼言上《おれいごんじょう》のため、信長の本拠の安土《あづち》城に参府していた（『信長公記《しんちょうこうき》』角川ソフィア文庫本四一一頁）。家康による安土参府は、確認できるものとしてこれが最初になる。参府は、従属する立場の者が主人に出仕《しゅっし》する行為なので、ここに家康が信長に従属する立場にあったことが、明確に示されている。

家康は安土に参府したあと、堺見物のため同地に赴いていた。そこで本能寺の変がおきた。家康はこの情報をえると、直《ただ》ちに領国に帰還すべく出立した。『家忠日記』には六月四日に岡崎城に帰還したことが記されているので（愛11 一五一四）、四日の夜、もしくは五日の未明に、岡崎城に帰還している。この逃避行は現在、「伊賀越《いがご》え」と称されている。これは家康の生涯のなかで最も困難であったこととして知られているものの、その実態を伝える当時の史料はほとんどない。『家忠日記』によって、伊賀・伊勢《いせ》路を通って海路で三河に帰還したこと、途中で穴山武田不白が自害したことなどが知られるにすぎない。しかし同行していた穴山が自害にいたっているのであるから、この逃避行が極めて危険なものであったことは十分に認識できる。

家康の同行者の人数については判明していない。安土城参府のための行動にすぎなかったとはいえ、それでも数千人は引き連れていたことであろう。また逃避行のルートについても、江戸時代以来、数通りが伝えられている。これについては近年では、「石川忠総留書」にみえる記載（愛11 一五三八〜九）が最も妥当性が高いとみなされるようになっている（藤田達生「『神君伊賀越え』再考」同著『城郭と由緒の戦争論』所収・平野明夫「『神君伊賀越え』

の真相」渡邊大門編『戦国史の俗説を覆す』所収)。

それによれば六月二日は、堺→平野→阿倍→山のねき→穂谷《ほたに》→尊延寺→草地→宇治田原《うじたわら》で、十三里の行程であった。和泉堺から河内を通って山城の宇治田原に到着している。六月三日は、宇治田原→山田→朝宮→小川で、六里の行程であった。山城から近江《おうみ》に入っている。そして最終日になる六月四日は、小川→向山→丸柱→石川→河合→柘植《つげ》→鹿伏兎《かぶと》→関→亀山→庄野→石薬師→四日市→那古《なご》で、十七里の行程であった。近江から伊賀を通って伊勢の海岸部に達している。そして那古から船で三河大浜にいたって、領国への帰還を果たしたのであった。最終日は最も長距離を移動しており、かなりの強行軍であったことがうかがわれる。

この逃避行では、京都商人(徳川家の在京雑掌《ざっしょう》とみる見解もある)の茶屋清延《ちゃやきよのぶ》、近江甲賀《こうか》武士の多羅尾光俊《たらおみつとし》とその子・山口光広、延暦寺別院の医王教寺かと推測される「別当《べっとう》」、伊勢四日市の水谷光勝らの便宜を得たという。移動の途中では、しばしば現地の勢力からの襲撃をうけたという。雑兵《ぞうひょう》を含めて二〇〇人余が討ち取られたともいう。村の軍事力は一村でも一〇〇人・二〇〇人ほどにのぼったから、それらの攻撃を切り抜けて、三河への生還を果たしたことは、まさに強運といってよい。

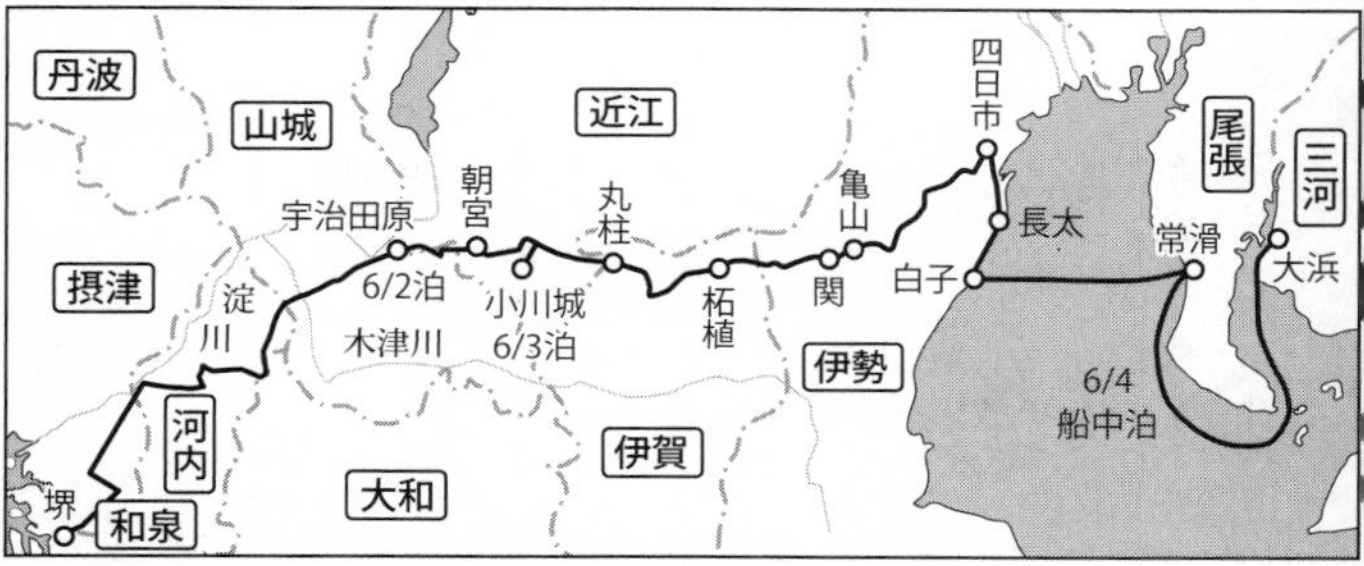

「伊賀越え」ルート図。本多隆成『徳川家康の決断』をもとに作成

家康は岡崎城に入ると、翌五日に家臣に出陣の用意を命じた。信長・信忠を討った織田家家老・惟任《これとう》（明智《あけち》）光秀《みつひで》討伐のためであった。出陣の用意に手間取ったのか、十四日にようやく岡崎城を出陣し、尾張鳴海《おわりなるみ》（名古屋市）に着陣した。翌十五日に、織田信孝（信長の三男、一五五八～八三）から惟任光秀を討伐したとの連絡が入った。十七日に先陣の酒井忠次が津島（津島市）まで進軍し、続けて家康も津島まで進軍した。しかし十九日に、織田信孝とともに惟任光秀討伐を果たした織田家家老の羽柴秀吉（一五三七～九八）から連絡があり、京都周辺を平定したので帰陣するよう指示が出されてきたため、その日に退陣して鳴海まで戻り、二十一日に岡崎城に帰陣した。

甲斐侵攻の開始

家康は「伊賀越え」の逃避行から岡崎城に帰還すると、

自身は尾張への出陣の準備をすすめたが、その一方で六月六日に、家臣の岡部正綱《まさつな》（今川・武田家旧臣）を、穴山武田家の本拠・甲斐下山城（身延町《みのぶ》）に派遣した（家康上二八五）。これは穴山武田不白が死去したことをうけ、その嫡男・勝千代《かつちよ》（のち信治《のぶはる》か）がまだ年少であったため（一一歳）、穴山武田家を保護下におくものであった。しかし実際は、同家を従属させ、その領国を徳川家領国に編入するものであった。

本能寺の変が伝わると、甲斐・信濃・上野の旧武田家領国では不穏な状況が生じた。織田家によって没落させられていた旧国衆や、武田家旧臣の再起の動きがみられたのである。この本能寺の変後に旧武田家領国をめぐって、徳川・北条・上杉三家によって展開された天正壬午の乱の経緯については、平山優氏（『天正壬午の乱　増補改訂版』）に詳しく述べられている。そのため以下では、家康の動向に焦点を絞って、かつ必要最小限の範囲で述べていくことにしたい。詳細については平山氏の研究を参照して欲しい。なお北条家の動向については、私の研究でも詳しく取り上げているので（『小田原合戦と北条氏』『北条氏政』『戦国大名・北条氏直』など）、あわせて参照いただきたい。

さて家康は、早くも十日頃に、家臣・本多忠政（百助）を甲斐に派遣した。甲斐の統治にあたっていたのは織田信忠家老の河尻秀隆《かわじりひでたか》であった。甲斐では一揆が発生し、本多忠政

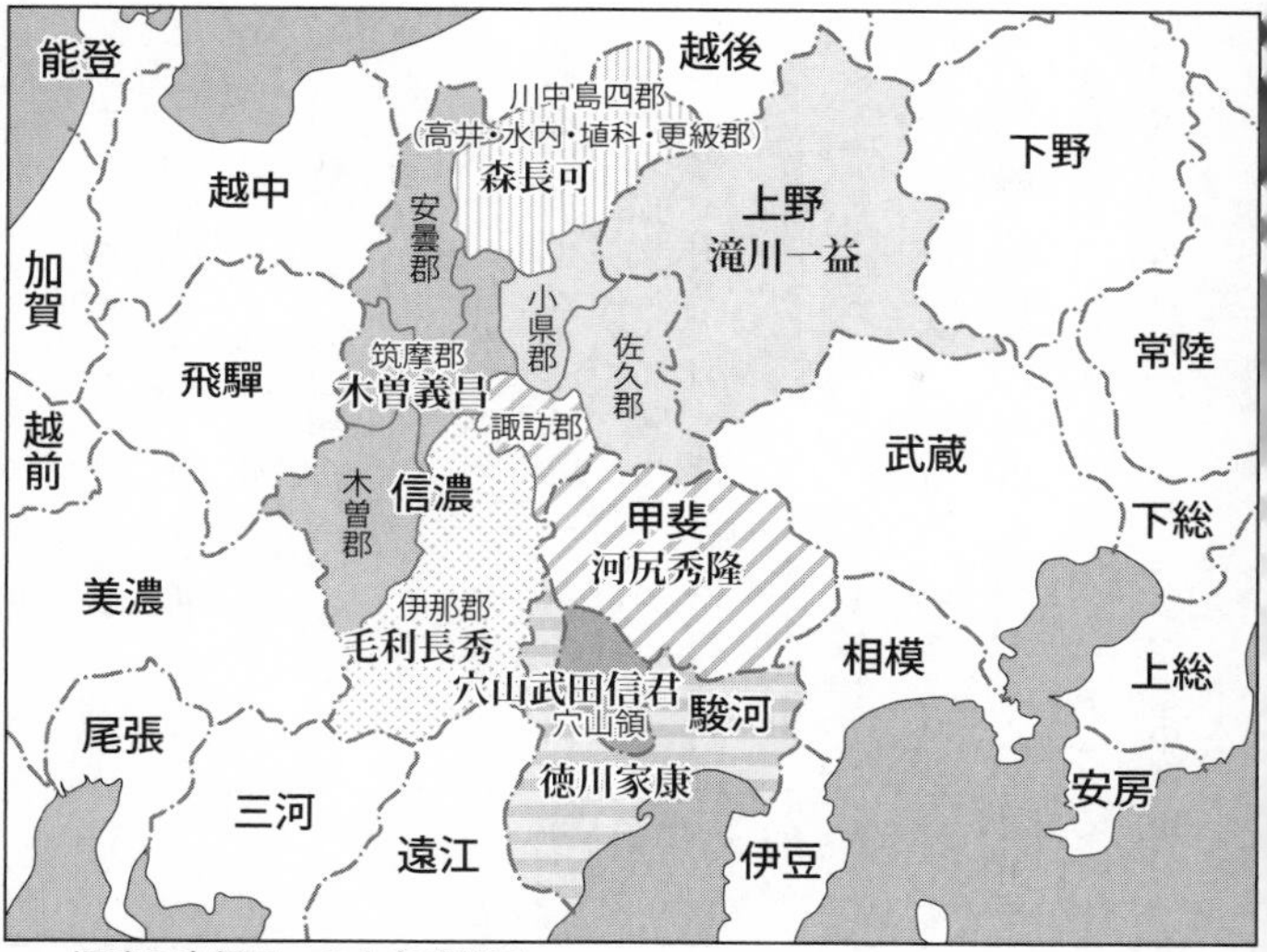

旧武田家領国への大名配置図

の派遣は河尻を支援するためであった。しかし十二日、下山城に在城していた家臣の曽根《そね》昌世（武田家旧臣）・岡部正綱の連署で、武田家旧臣の加賀美右衛門尉《えもんのじょう》が徳川方に従ってきたことをうけて、甲斐で所領を安堵《あんど》した（家康上二八七）。これは河尻の甲斐統治に明らかに抵触する、侵犯行為であった。家康にこの時に甲斐経略の意志があったとは考えがたいが、家臣になることを申し出てきた者に本領を安堵するのは当然のことであったから、曽根・岡部はその慣例に従ったまでであったろう。家康がこのことに事前に指示を与えていたかはわからないが、曽根・岡部の連署で出されていることからすると、当座のこととして現場判断で出された可能性が高い。

しかしこれは河尻に疑念を生じさせた。十三日には甲斐東部の郡内領で一揆が起きていて、これが北条家を頼って、北条家はそれへの支援のため、軍勢を郡内に進軍させていた（北条補遺 一四二）。河尻は郡内に北条家の侵攻をうけるようになっていたから、この徳川方の行為も、甲斐経略を図るものととらえたとして不思議でない。そうして十四日に本多忠政を殺害するのである。これをうけてか曽根昌世は十五日には甲府（甲府市）に出入りするようになっていた（戦北 二三四九）。家康は、この時はまだ尾張に在陣中であったから、曽根・岡部らの行動は独自の判断によるものであったろう。

さらに十七日には、松平大須賀《おおすが》康高も加わって、武田家旧臣への本領安堵をすすめた（静8 一五四四）。これの派遣は家康によるものであったから、家康はこの時には、武田家旧臣たちを積極的に味方に付けることを考えていたとみてよいだろう。本多忠政を殺害された以上、積極的に河尻を支援することはせず、逆に武田家旧臣の糾合をすすめて、実質的な政治勢力の形成を図ったとみなされる。甲府は武田家旧臣の一揆に占領され、十八日に河尻は殺害された。これによって甲斐は統治者不在になった。河尻は信濃諏訪《すわ》郡の統治も担当していたから、同郡も統治者不在になった。

甲斐では戦乱が展開しつつあった。そこでは曽根・岡部が率いる穴山武田勢が中心になって、北条方になっていた一揆と対戦していた。しかし一揆鎮圧をすすめることはできず、そのため二十八日、家康は家老の本多広孝・同康重（一五五四～一六一一）父子・大久保忠世《ただよ》らを甲斐に派遣した。これによって甲斐中央部の一揆については平定できたらしい。これらは家康による、事実上の甲斐侵攻の開始といってよい。しかし甲斐郡内領は北条方に占領されていった。

羽柴秀吉の了解をえる

家康が尾張から岡崎城に帰陣した六月二十一日には、すでに甲斐では河尻秀隆が武田家旧臣の一揆に殺害され、徳川方では穴山武田勢を中心に、北条家から支援をうけた一揆との戦乱を展開させていた。上野では十九日の神流川《かんながわ》合戦で、織田政権から自立した北条家が、織田家家老・滝川一益《たきがわかずます》（一五二五～八六）に勝利して、滝川は二十一日に信濃に後退し、北条家は上野経略をすすめるようになっていた。信濃では、十九日頃に織田信忠家老で海津《かいづ》領統治を担当していた森長可《ながよし》と伊那《いな》郡統治を担当していた毛利《もうり》長秀《ながひで》は、ともに信濃から退去していた。各地では武田家旧臣の国衆らの蜂起がみられ、越後《えちご》上杉家が海津領の経略を開始していた。家康もこの信濃に対しては、依田信蕃《よだのぶしげ》・下条頼安《しもじょうよりやす》・知久頼氏《ちくよりうじ》など武田家旧臣の国衆らを本拠に復帰させるなど、味方勢力の糾合を開始していた。

そうしたなかで二十六日に、家康は岡崎城から浜松城に帰陣した。そして翌二十七日に、家老・酒井忠次を信濃伊那郡に進軍させることを決め、次いで二十八日に、先に触れたように本多広孝・大久保忠世らを甲斐に進軍させている。これらのことから家康は、この時点で、甲斐・信濃経略を決めていたとみなされる。そして家康自身も七月二日に浜松城を出陣し、甲府に向けて進軍を開始した。しかしその間に家康にはしておかなくてはならないことがあった。甲斐・信濃経略について、織田家から了解を得ることであった。

その間の二十七日に、織田家では、尾張清須《きよす》城で今後の織田政権の新体制が取り決められた。いわゆる「清須会議」である。織田家当主は信忠嫡男の三法師《さんぼうし》(のち秀信、一五八〇〜一六〇五)とされた。しかしわずか三歳の幼少のため、補佐役の「名代《みょうだい》」の選定がはかられた。候補者は織田信雄《のぶかつ》(信長の次男、信忠の同母弟、一五五八〜一六三〇)と同信孝であったが、決し難かったため、柴田勝家(?〜一五八三)・羽柴秀吉・惟住《これずみ》(丹羽《にわ》)長秀(一五三五〜八五)の有力家老と信長乳兄弟の池田恒興《つねおき》(一五三六〜八四)の四人による政務体制が構築された。そして信忠の領国であった尾張と美濃《みの》は、それぞれ信雄と信孝の領国とされた。

これをうけて家康は、甲斐・信濃経略の承認を、織田家に求めたことであろう。そしてそれへの返事は、七月七日付けで羽柴秀吉からもたらされた（秀吉四五五）。そこでは「信州・甲州・上州に置かれていた者たちは退去し、三ヶ国を敵方に渡してしまうくらいなら、家康が軍勢を派遣して、手に入れても構わない」と述べられている。家康は織田家に対して、三ヶ国から織田家の武将がすべて退去し、北条家・上杉家（「敵方」）によって経略がすすめられていることを連絡し、そのうえで自身の軍勢でそれらを撃退し、三ヶ国の維持を図ることとの承認を求めた、とみなされる。

その三ヶ国は、あくまでも織田家領国であった。そのためその経略について、たとえ敵方との抗争であっても、家康が独断でおこなうことは、織田政権への敵対行為になってしまう。だから家康は、自身が両国に進軍するよりも前に、織田政権から了解を得ておく必要があったのである。そして織田家において、事実上の最高実力者の立場になっていた羽柴秀吉から、承認の返事がよこされた。この内容が宿老《しゅくろう》四人の合意のものであったのかどうかは確認できないが、家康の行為については、その後に織田家全体から承認されているとみなされるので、これは織田政権からの返事であったとみてよい。

秀吉の返事は七月七日付けなので、それが家康のもとにもたらされたのは、八日か九日のことであったろうか。家康は駿河東部に進軍していて、八日に駿河富士郡大宮（富士宮市）を出立して、甲斐精進《しょうじ》（富士河口湖町）に到着し、九日に甲府に着陣している（静8一五四七）。そうすると甲府に着陣した時には、それら家康の行動を承認する織田政権の「お墨付き」がもたらされたことであろう。このことは家康の甲斐・信濃経略は、織田政権に従属する織田一門大名の立場でおこなわれることを意味した。

またあわせて注目しておきたいのは、家康は織田政権に対して起請文《きしょうもん》を提出していたことである。その起請文が作成された時期は明確ではないが、十月の時点で、秀吉が「信孝様・三助（信雄）様、その外家康誓紙並びに宿老共の一札」などを所持していたことが知られる（愛12五七）。起請文の内容も判明しないが、ここで家康の名が信孝・信雄に続けて出されていることから、家康の織田家における立場が有力な一門大名であったことを確認できるとともに、家康の立場があくまでも織田家に忠誠を誓うものであったことも確認される。

北条家との対戦

家康は甲府着陣によって、甲斐西部・中央部の確保を確固たるものにした。しかし甲斐東部の郡内領は北条家に制圧されていた。その北条家は、六月十九日の神流川合戦後から信濃国衆の調略をすすめ、七月十二日に北条氏直の本軍は信濃に侵攻した。それと同じ頃に、郡内にも軍勢を派遣し、また駿河・伊豆国境地域で徳川方と抗争するようになっている。信濃に進軍した北条氏直は、小県《ちいさがた》郡・佐久《さく》郡を制圧し、諏訪郡の国衆・諏方頼忠《すわよりただ》や木曽郡・安曇《あずみ》郡の国衆・木曽義昌らを従属させた。そして海津領を制圧していた上杉家との対戦に向かっていた。

一方、信濃に進軍した酒井忠次《ただつぐ》の軍勢は、伊那郡を制圧し、七月十五日には諏訪郡に到着し、諏方頼忠に従属を要求した。しかし諏方家は北条家に支援を頼み、従属しなかった。そのため家康は、甲斐新府《しんぷ》（韮崎《にらさき》市）に在陣させていた大久保忠世・松平大須賀康高・本多広孝らの軍勢を諏訪に進軍させる。北条氏直は十九日頃には上杉家との対陣を諦めて、佐久郡小諸《こもろ》城（小諸市）に在城して、徳川方の依田信蕃攻撃をすすめていたが、諏方頼忠からの救援要請をうけて、二十九日に徳川軍との対戦のため南下し、八月一日に諏訪郡に進軍してきた。

これにともなって徳川軍は諏訪郡から甲斐に後退し、北条軍はそれを追撃するようにして甲斐に進軍してきて、徳川軍は新府城に、北条軍は若神子《わかみこ》（北杜《ほくと》市）に着陣した。これをうけて家康も甲府を出陣して新府城に着陣する。こうして家康は、北条軍と正面切って対戦することになった。さらに北条軍は、伊那郡にも軍勢を派遣して、これが九月中旬には、伊那郡の遠江国境地域まで達して、それによって徳川方は伊那郡の大半まで制圧されることになった。北条家の本軍は二万人といい（『家忠日記』前掲刊本一二六頁）、徳川軍は家康率いる本軍を含めても数千人であったとみなされる。戦力差は圧倒的であり、そのため積極的に攻撃をかけることはできなかった。

しかし郡内在陣の北条軍に対し、甲府在陣の徳川軍が、その進攻を撃退した。また伊豆在陣の北条軍に対し、駿河東部在陣の徳川軍が、やはりその進攻を撃退した。これらによって北条軍との対戦は、膠着状態になった。その一方で、家康は北条方になっていた国衆の従属をすすめ、八月二十二日には木曽義昌が従属してくることになり、九月十日に起請文を交換して従属を確定させた。その交渉には、木曽にとっては隣国に位置した美濃の織田信孝の働きかけがあった。その木曽義昌は上杉方と、安曇郡・筑摩《ちくま》郡の領有をめぐって抗争していたが、それについても九月十九日には上杉家との和睦を成立させている。そして九月二十八日には小県郡・上野沼田領の国衆・真田昌幸（一五四七〜一六一一）を従属させている。

また家康は、北条家の背後に存在した北関東の国衆との連携をすすめた。九月中旬には下野宇都宮国綱や常陸佐竹義重《ひたちさたけよししげ》（一五四七〜一六一二）との連携を成立させ、十月にはそれらによる北条家領国への侵攻がみられた。そのため北条家は、小田原および甲斐在陣の軍勢を割いて、それへの対処にあたらなければならなくなった。さらに十月十日に、真田昌幸が北条家に対して手切れを明確化させたことで、北条家はそれについても甲斐から軍勢を割いて対応せざるをえなくなっている。家康はこうした調略によって、北条本軍の軍勢数を減らす効果をあげたのであった。これにより両陣営の状況はますます膠着化した。

さらに家康の行動は、織田一門大名としてのものであったため、織田家からも援軍が出される状況になっていた。織田家側から援軍派遣が打診されていて、家康は八月二十五日に信孝に返事して、伊那郡への援軍は必要なく、むしろ駿河で北条軍に対して最前線に位置していた三枚橋城《さんまいばし》（沼津市）への派遣を要請している。信孝はそれをうけて、駿河への派遣ならば、尾張を領国とする信雄が援軍を派遣するのが適当として、そのことを信雄に連絡することにしている（静8 一五六六）。

さらに九月十三日には、羽柴秀吉・惟住長秀・柴田勝家らが援軍として出陣する予定にあった（家康上 三七三）。十月六日に柴田勝家は、北条家を討伐することは、織田家の新当主への軍忠になり、同時に信長の弔《とむら》いにもなる、と述べている（愛12 二〇四）。織田家が実際に援軍派遣の準備をすすめていたことがわかる。しかし結局、援軍が派遣されてくることはなかった。十一月一日の時点で、先陣として信雄の出陣が予定されていたが、取りやめになっている（愛12 二〇九）。しかしこのように援軍派遣が検討されていること自体、家康の行動が、織田政権の行動の一環に組み込まれていたことを意味している。

こうした戦略を駆使することで、家康は大軍の北条軍相手に、かろうじて互角の対戦に持ち込むことができていた。だからといって、北条軍を後退させることが可能であったわけではなかった。実際のところ、家康にはこれ以上に戦局を打開しうるような戦略は、もうなかったに違いない。

織田家の内紛と北条家との攻守軍事同盟

そうしたところ十月二十四日以前に、織田信雄・同信孝から、北条家との和睦が指示された。家康はそれをうけて、その日に、北条家側の取次《とりつぎ》にあたる北条氏規《うじのり》（氏政の弟、一五四五～一六〇〇）に起請文を提出して、和睦成立にともなって氏規の進退について決して見放さないことを誓約している（戦北 四四九二）。こうして家康と北条家とは、和睦にむけて交渉を開始した。

それまでに信雄らからは、数度にわたって和睦が指示されていたらしい。家康はその理由について「上方忩劇《かみがたそうげき》」のためとしている（家康上 三八五）。織田政権では、九月頃から、織田信雄と信孝のあいだで領国堺をめぐる紛争が生じて、両者の関係が悪化するようになっていた。十月に入ると、織田政権における主導権をめぐって、秀吉と信孝・柴田勝家とのあいだで対立がみられるようになっていた。そのため信雄と信孝らは、家康に援軍を派遣する余裕がなくなったため、家康に北条家との和睦を指示したのであった。そして十月二十八日には、秀吉は惟住長秀・池田恒興を味方に付けて、織田家当主の地位を三法師から信雄に交替させるクーデターを起こすにいたる。そうして織田政権では、その主導権をめぐる内乱が展開されていくことになる。

織田家からの指示をうけた家康は、すぐさま北条家に打診したことであろう。これをうけた北条家も、家康に織田家から援軍が派遣されてくる状況にあったため、織田家から援軍を出されては困難な状況になると考えてのことであろう、直ちにそれに応じた。交渉は家康が北条氏規に起請文を出した二十四日頃から開始されたとみられる。二十七日には和睦成立の見通しは立っていたらしく、家康はその日に、信濃佐久郡の依田信蕃に北条家と和睦することを伝えており、二十八日には関東の常陸下館《しもだて》水谷《みずのや》勝俊に、北条家と停戦を取り決めたことを伝え、北条家との停戦を要請している（愛12二六五）。そしてその日、家康と北条家のあいだで、和睦にあたっての種々の条件について合意が成立している（家康上八七二）。

そして翌二十九日に、正式に和睦は成立した。この時に双方で交換された起請文は残されていないので、具体的な内容はわからないが、領土協定（「国分け」）が含まれていたことは間違いない。その内容は、①上野は北条領とし、徳川方真田昌幸の上野沼田領は北条家に割譲する、②甲斐・信濃は徳川領とし、北条方の甲斐郡内領・信濃佐久郡は徳川家に割譲する、というものであった（『異本小田原記』国史叢書本刊本など）。ここに旧武田家領国のうち、上野は北条家、甲斐・信濃は徳川家に分割されることが決められた。そしてこの日に、北条家から甲斐郡内領が割譲された（前掲『家忠日記』）。

そのうえで翌晦日《みそか》、徳川・北条両家は婚姻関係を結ぶことにし、家康の次女督姫《とくひめ》（良正院殿《りょうしょういんでん》、一五七五～一六一五）が北条氏直に嫁ぐことが取り決められた（「御年譜微考」『信濃史料』一五巻四九九頁など）。督姫は天正三年生まれのわずか八歳にすぎなかった。結婚は

天正壬午の乱後大名勢力図。柴裕之『徳川家康』をもとに作成

翌十一年におこなわれることになる。家康としては、年少の娘を結婚させなければならないほど、北条家との同盟が重要であった、ということになる。そしてこれによって両家は、婚姻関係を媒介にした攻守軍事同盟を成立させるものとなった。そしてこの同盟は、北条家が滅亡する天正十八年の小田原合戦まで継続され、その後の家康と北条家の政治動向を大きく規定していくのであった。

家康が北条家との和睦、次いで同盟を成立させた時、織田政権はすでに信雄・秀吉方と信孝・勝家方に分裂していた。したがって北条家との和睦条件などについて、織田政権から了承を得ることはなかったであろう。けれども和睦は、織田家からの指示によるものであったから、それ自体は織田家の政治戦略のなかの一環に位置したと考えられる。この北条家との同盟により、甲斐郡内領・信濃佐久郡が割譲され（佐久郡の割譲は翌年の督姫の結婚にともなう）、また上田領の真田家、深志《ふかし》領の小笠原家、木曽領の木曽家を従属下においたことで、家康は信濃中部・南部の領国化を遂げた。こうして家康は、天正壬午の乱の結果、遠江・三河・駿河・甲斐・信濃五ヶ国におよぶ大領国を形成した。これにより家康は、一躍して列島でも最大規模の領国大名となった。

第八章　羽柴秀吉への従属の経緯

織田政権の内乱

家康は、本能寺の変後の新たな織田政権のもとでも、引き続いて織田一門大名の立場にあった。ところがその織田政権では、天正《てんしょう》十年（一五八二）十一月から内乱が展開されることになる。直接の切っ掛けは十月二十八日に、羽柴秀吉が惟住《これずみ》長秀・池田恒興《つねおき》を味方に付けて、織田家当主の地位に、三法師《さんぼうし》を廃して、信雄《のぶかつ》を立てたことによる。これにより信雄を立てる秀吉らと、信孝と結ぶ柴田勝家・滝川一益《たきがわかずます》らとの対立が決定的になった。そうして信雄・秀吉らと信孝・勝家らとの抗争が展開された。これが織田政権の内乱の第一段階となる。

家康が、この織田家における家督交代劇について連絡をうけたのは、十一月一日付けで秀吉が家康の家老・石川康輝《やすてる》（数正《かずまさ》）に宛てた書状（愛12 二〇九）によってであろう。石川はそのことを知らずに前月二十日付けで秀吉に書状を出していたのだが、その返書でそのことが報《しら》されている。その後、信雄・秀吉により信孝攻撃がおこなわれ、信孝を屈服させて、十二月二十一日に、信雄と三法師は安土《あづち》城に入城した（西尾大樹「豊臣政権成立期の織田信雄とその家臣」）。その翌日付けで、家康は秀吉に書状を送っていて、信雄が織田家当主に立てられたことについて「大悦」と賛同し、陣触れがあれば連絡をうけ次第に出陣する意向を示している（愛12 二六九）。家康は織田政権の内乱において、信雄・秀吉らを支持する立場をとったのであった。

翌天正十一年正月十七日に、家康は岡崎城から尾張《おわり》星崎（名古屋市）に赴いて、信雄に対面している（愛12 八一）。信雄も本拠・清須《きよす》城から出てきたものになる。家康が信雄の領国に赴いているので、家康は信雄に服属の姿勢を示したかたちになる。けれども清須城に参府しているわけではないので、信雄からはかなりの厚遇で接せられている。信雄は織田家当主になったばかりであったため、最有力の一門大名であった家康との関係を大事にしたいと考えていたように思われる。

その正月、滝川一益が蜂起し、二月に秀吉と信雄はその追討を開始した。三月に柴田勝家は滝川支援のために近江《おうみ》に進軍してきた。四月に信孝が再び蜂起した。同月二十一日に秀吉と柴田は近江賤《しず》ヶ岳《がたけ》で合戦し、秀吉が勝利した。そのまま敗走する柴田を追撃し、二十四日にその本拠・北庄城《きたのしょう》（福井市）を攻略、柴田を滅亡させた。次いで信雄が信孝を攻略し、五月二日に信孝を自害させた。さらに六月には滝川を降伏させた。こうして内乱の第一段階は、信孝と柴田勝家の滅亡、滝川一益の失脚というかたちで決着した。そしてその結果、織田政権では、当主信雄と、それを「指南」する秀吉という執政体制が確立された（愛12 二四六）。

その直後から、秀吉は独自の政務を展開する。織田家家臣の知行替《ちぎょう》えをおこない、信雄・三法師を安土城からそれぞれ清須城・近江坂本城（大津市）に退去させ、安土城に代わる新たな「天下の政庁」として摂津大坂城（大阪市）を築城するなどした。そうして十一月には信雄と秀吉の関係悪化が顕著になったらしく、信雄が上方《かみがた》で切腹させられたという風聞まで生じている（愛12 二四八）。そして翌天正十二年三月六日、信雄は秀吉と親交のあった家老の津川雄光《かつみつ》・岡田重孝と重臣の浅井《あざい》長時《ながとき》を誅伐《ちゅうばつ》した（愛12 二九〇）。これは信雄が秀吉に断交したことを意味する。しかもその行為は、あらかじめ家康と相談してのことであった（愛12 二八四）。これが織田政権の内乱の第二段階となる。家康は信雄に味方して、秀吉と対立することを選択したのであった。

小牧・長久手合戦

家康が信雄に味方したのは、信雄が織田家当主であること、また隣接して存在する尾張・伊勢《いせ》・伊賀《いが》三ヶ国の領国大名であったこと、などのためであったと考えられる。家康は信雄が家老らを誅伐した翌日の天正十二年（一五八四）三月七日に、尾張進軍のため岡崎城に入り、翌日に出陣した（愛12二九二）。信雄の家老ら誅伐が、秀吉への敵対宣言であったこと、家康もそれに深く関与していたことがわかる。そして十三日に信雄が在城する清須城に到着し、信雄と対面した（愛12二九八）。

秀吉も十日に大坂城を出陣し、尾張・伊勢への侵攻を開始した。十四日には尾張犬山城（犬山市）を攻略した。家康は信雄とともに迎撃に動き、十七日に小牧山城《こまきやま》（小牧市）に着陣した。これをうけて秀吉は、尾張に進軍して楽田城《がくでん》（犬山市）に着陣した。こうして信雄・家康と秀吉は対峙した。秀吉は四月六日に、甥の三好信吉《のぶよし》（のち羽柴秀次、一五六八～九五）らの軍勢を三河に向けて進軍させたが、家康は八日夜に小牧山城を出陣し、翌九日に尾張岩崎城（日進市）周辺で三好軍を追撃して破った。これが「長久手《ながくて》合戦」である。

小牧・長久手合戦関係図。柴裕之『清須会議』をもとに一部改変

その後、秀吉は美濃の信雄方を、家康は尾張の秀吉方を攻略するなど攻防が続いた。

家康はまた、四月初めに同盟関係にあった北条《ほうじょう》家にも援軍派遣を要請していた（戦北二六六四）。北条家では、氏政《うじまさ》か氏直《うじなお》のどちらかが援軍に赴く意向を示したが、すでに下野《しもつけ》に出陣したあとであった。北条家は敵対していた佐竹《さたけ》方勢力と五月初めから七月下旬にかけて、下野藤岡・沼尻（栃木市）で対戦する。そのため家康に援軍を派遣できないでいた。佐竹家はすでに、天正十年十月に越後《えちご》上杉家と連携を成立させていた。その上杉家は、同十一年正月に秀吉に従属していた。それをうけて四月までのうちに佐竹義重《よししげ》も秀吉に通交を成立させていた。すなわち上杉家・佐竹方勢力は秀吉方になっていた。こうして関東でも、信雄・家康と結ぶ北条家と、秀吉と結ぶ佐竹方との対戦がおこなわれるかたちになっていた。

秀吉は一旦、大坂城に帰陣していたが、八月二十六日に再び尾張に進軍してきた。これに対して家康は岩崎城に入った。そして尾張北部で攻防を続けたが、九月二日になると一転して和睦交渉がすすめられた（愛12 六二九）。戦況は信雄・家康に劣勢であったから、こちらからはたらきかけたものであろう。信雄は娘を、家康は次男義伊《ぎい》（秀康、事実上の長男）と同母弟の久松松平定勝、家老石川康輝の子、信雄の叔父長益《ながます》の子、信雄家老の滝川一盛《かずもり》（雄利《かつとし》）の子を、人質に出すというものであった（愛12 六三四）。しかし七日に秀吉はこれを拒否した（愛12 六二九）。おそらくは実態が停戦和睦であったためと思われる。

そして秀吉は、十月下旬に信雄領国の南伊勢を経略し、十一月六日には信雄の本拠になっていた伊勢長島城（桑名市）近くまで進軍してきた。これをうけて信雄と家康は、秀吉と和睦した。和睦は十一日に秀吉からはたらきかけられたもののようで（愛12 七七七）、十二日に信雄と家康はそれに応じた（愛12 六八七）。ただし和睦は当初、信雄と秀吉のあいだで始められたようで、秀吉は「長久手合戦」の敗戦のためであろう、家康に軍事的勝利を収める必要を認識していたらしく、家康を簡単に赦免する気はなかったが、信雄から取り成しをうけ、信雄の外聞に配慮して、赦免することにしたという。

和睦に際して、信雄・家康から秀吉に人質が出された。信雄からは実子もしくは妹の岡崎殿（五徳《ごとく》・松平信康《のぶやす》後家）、叔父長益の実子、家老滝川一盛らの実子もしくは母らが、家康からは次男義伊、家老石川康輝らの実子らであった（愛12 六八八・六九四）。そのうえ両者は秀吉に、「何事も秀吉の意向に従う」ことを誓約した（愛12 六八八など）。この和睦は明らかに、秀吉が信雄・家康に対して政治的に上位に位置したものであった。ただし和睦について秀吉は、信雄に対しては「同心」と表現して対等性を示したが、家康に対しては「赦免」と表現して、自身が明確に上位者にあることを示している。

秀吉が信雄を尊重しているのは、いうまでもなく信雄が主家たる織田家の当主だったためである。和睦が成立すると、秀吉は信雄と対面した。体裁は対等の対面であったが、そこで秀吉と信雄は「父子の約束」をしたという（愛12 六九四）。これにより秀吉は、信雄に対して実質的に政治的上位に位置することを確定させた。そのためこの和睦は、信雄が秀吉に屈服したことを意味した。かたや家康は、秀吉に出仕《しゅっし》することなく、十六日に帰陣する（愛12 六九七）。家康と秀吉の和睦は、停戦和睦にとどまったのであった。

石川康輝（数正）の出奔

秀吉は信雄と対面したあと、天正十二年（一五八四）十一月二十八日に従三位《じゅさんみ》・権大納言《ごんのだいなごん》に叙任され、「天下人」の政治的地位を確立させた。そのうえで同十三年二月十二日に、信雄を大坂城に出仕させた（愛12 九四二）。これは信雄が秀吉に従属したことを示した。ここに織田政権に代わって、中央政権として羽柴政権が誕生した。秀吉は三月には正二位《しょうにい》・内大臣に叙任されて初めて参内し、七月には従一位《じゅいちい》・関白《かんぱく》に叙任されて、新たな政治秩序のかたちを成立させた。そして九月に本姓を豊臣姓に改姓した。秀吉は当初は平《たいら》姓を称していたが、関白任官にともなって藤原姓に改姓していた。しかしそれでは本来の藤原氏とのあいだで差し障りが生じるので、新たな関白家を創始するため改姓したのである。

その前後、秀吉は小牧・長久手合戦で信雄・家康に味方した勢力の鎮圧をすすめている。四月に畿内を平定、八月に四国を平定、また越中佐々成政《えっちゅうさっさなりまさ》を攻略、閏《うるう》八月には飛驒《ひだ》を制圧した。これによって旧織田勢力のうちで、秀吉に屈服していないのは、家康と北条家だけになった。その一方で、すでに越後上杉家を従属させ、またこの年正月には中国地方の毛《もう》利《り》家と領土画定を成立させ、これを従属させていた。秀吉の政治勢力は、北陸地方から中国・四国地方にまでおよび、関東北東部の佐竹方勢力も秀吉に応じていた。このため家康と北条家は、秀吉勢力に包囲されるかたちになった。

天正十三年六月に、信濃《しなの》上田領・上野《こうずけ》沼田領の真田昌幸が家康から離叛《りはん》し、上杉家に従属した。家康は真田に対し、北条家との同盟成立以来、沼田領を北条家に引き渡すよう要請していて、この時もあらためて要請していた。しかし真田はそれには応じず、逆に上杉家に従属したのであった。これに対し家康は、八月から閏八月に報復として上田城攻めをおこなったが、敗退してしまった。そして真田は、十月には秀吉に従属の申し入れをおこなうのであった（拙著『真田昌幸』など）。すでに木曽領の木曽義昌は、小牧・長久手合戦にともなって、前年三月に秀吉に従属していた。ここに真田も秀吉に接近していった。

こうした状況をうけて、深志《ふかし》領の小笠原貞慶《さだよし》も秀吉に従属した。十月の時点で従属していたことが確認されている。真田昌幸が秀吉に従属を申し入れた頃のことになる。そして十二月に徳川方への敵対行動を開始した（平山優『武田遺領をめぐる動乱と秀吉の野望』）。こうして信濃国衆《くにしゅう》の大半が秀吉方になる状況になった。家康の信濃における勢力は、諏訪《すわ》郡・佐久《さく》郡・伊那《いな》郡まで縮小した。そのうえで徳川家を激震させる事件が生じた。十一月十三日に家老の石川康輝（数正）が徳川家を出奔《しゅっぽん》し、秀吉のもとに走ったのである。石川は徳川家において、秀吉との外交を担っていた。

実はその直前の十月二十八日に、家康は秀吉から要請されていた家老衆からの人質提出を拒否していた（愛12 一一二五）。この人質問題は、七月頃に、秀吉が越中佐々成政を服属させようとしていたなか、家康が佐々成政と結ぼうとしているという疑惑が生じたため、家康の家老衆から人質をとることになったのである（愛12 一一二四）。それを推進していたのが石川康輝であった。しかしここにきて、家康は明確に拒否した。それは秀吉に断交する姿勢をとったことを意味した。家康は人質提出を拒否した同日に、北条家の家老と徳川家の家老・重臣による起請文《きしょうもん》を交換している（愛12 一一二五）。秀吉との対戦を覚悟し、北

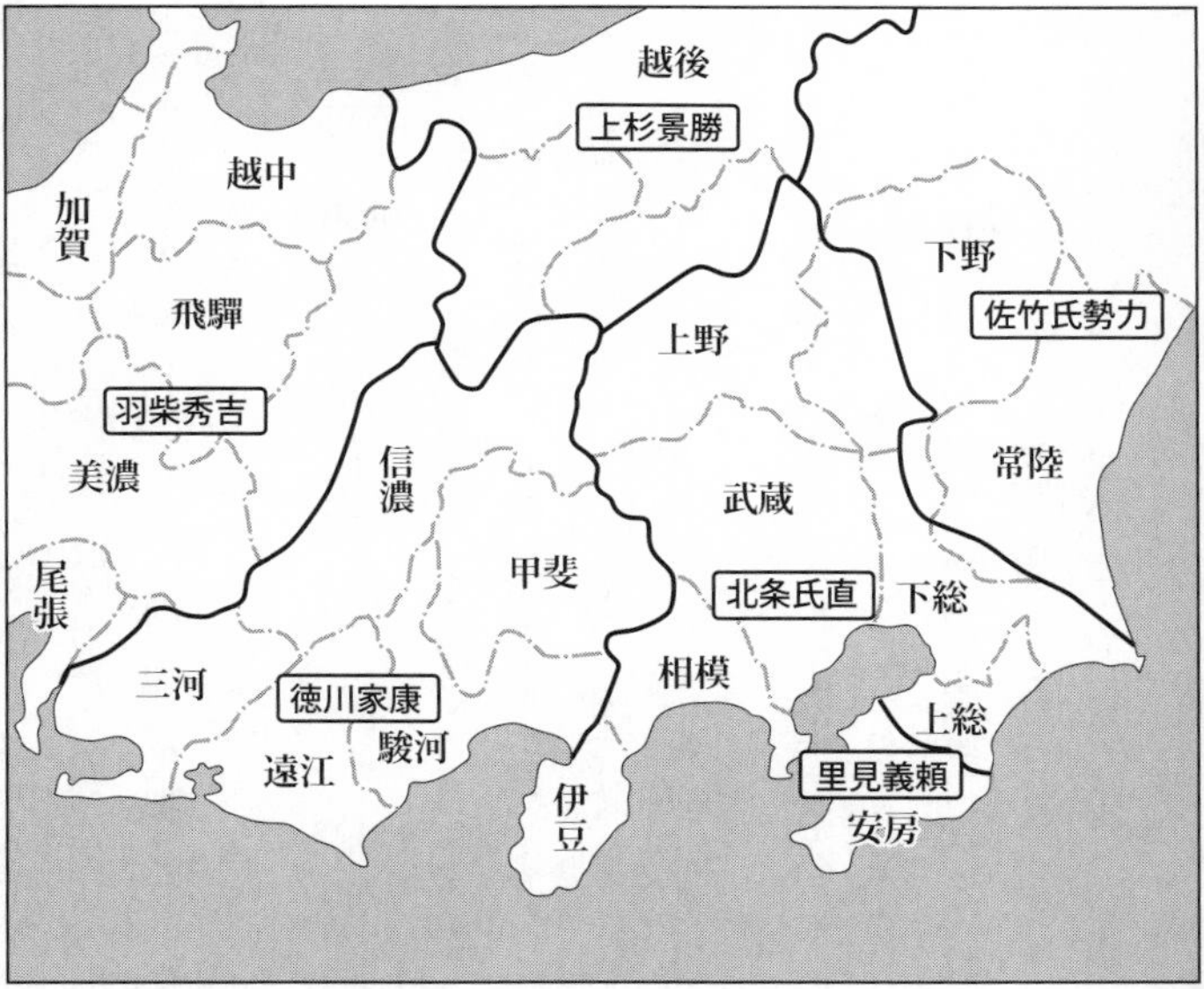

天正13年頃の大名勢力図

条家との同盟関係を強化したのであった。

石川康輝は秀吉との政治関係の安定化に尽力していたが、ここに徳川家での政治的立場を失うものとなった。そのため秀吉のもとに出奔したのである。外交取次《とりつぎ》は外交が失敗すれば、その政治的地位を失ってしまうものであった（柴裕之『徳川家康』など）。しかしこの石川の出奔は、彼が徳川家の家老第二位の存在であっただけに、徳川家に与えた衝撃は甚大であった。そして秀吉は、石川の出奔をうけて十一月十七日に、「家康成敗」のため翌年正月の出陣を決し、味方勢力に出陣用意を命じるのである（愛12 一〇二二）。取次の失脚は、外交関係の断絶を意味し、それはすなわち敵対宣言とうけとめられたからであった。

「天正地震」による危機脱出

秀吉からの「成敗」の表明をうけて、天正十三年（一五八五）十一月十四日に、家老酒井忠次《ただつぐ》らが岡崎城に在番し、家康も吉田城、次いで岡崎城、さらには西尾などに赴くなど、防衛体制の強化をすすめた（愛12 一〇一七・一〇二〇など）。二十八日には、織田信雄から同長益・滝川雄利・土方雄良《ひじかたかつよし》が岡崎城に派遣されてきた（愛12 一〇二六）。これは秀吉との和睦を勧告してきたものであった。

そうしたところに二十九日夜半、畿内を中心に大地震が起きた。いわゆる「天正地震」である。畿内近国では大きな被害が出て、余震は翌天正十四年三月頃まで続いている。秀吉は正月九日の時点で、味方勢力に家康討伐の姿勢をみせているが（愛12 一〇七〇）、正月二十一日になると、和睦が風聞されるようになり（愛12 一一三五）、二十四日には織田信雄が岡崎城に赴いてきて、二十七日に家康と会談している（愛12 一〇七二・「当代記」）。

これは秀吉の内意をうけて、家康に和睦を勧告してきたものと考えられる。二十八日には再び秀吉の出陣準備が風聞されるが（愛12　一二三六）、二月八日になって秀吉はついに家康討伐の中止を表明した（愛12　一二三七）。家康から「何事も関白の意向に従う」と申し出があったため、赦免することにしたのだという。

ここに家康は、ついに秀吉に従属することを決したのであった。織田信雄の来訪は、その取り決めであったとみてよい。すでに前年十一月に信雄の一族・家老の来訪があったから、信雄による和睦周旋は、その頃から本格化するようになっていたのであろう。そしてそこに大地震が起きた。これにより秀吉は、余震が続くなかでの出陣を取りやめ、家康との和睦をすすめることにしたのであろう。この時点で、家康の味方は北条家しか存在しなくなっていた。秀吉との戦力差は、段違いの差になっていた。秀吉から領国に侵攻をうけたら、すでに到底敵《かな》わない状況になっていた。そのことからすると家康は、大地震によって窮地を救われたといって過言でない。ここにも家康の強運をみることができる。

もっとも和睦とはいっても、相手は「天下人」であったから、それは家康が秀吉に従属することを意味し、秀吉のもとに出仕することで確定される。その前提に、従属のための条件交渉があった。信雄の来訪の際は、まずは家康が秀吉に従属することが合意されたものであろう。それをうけて秀吉は、家康討伐の中止を表明したのであろう。従属にあたっての具体的な条件の交渉は、信雄の来訪以後におこなわれたと思われるが、詳しいことは判明しない。

　秀吉への従属を決してから一ヶ月ほど経った二月二十六日、家康は北条氏政《うじまさ》と会談することにし、駿河《するが》に出立した（愛12　一〇七八）。北条家に会談を申し入れたのは、それよりしばらく前のことになろう。北条家から同意がえられたので、実現の運びになったのであろう。そうして駿河・伊豆国境で、三月八日と十一日に、北条氏政と会談した。会談の内容は判明しないが、家康が秀吉に従属することを決したことをうけて、それについて北条家から了解をえること、そして交渉が決裂した場合、秀吉と対戦となった際には、あらためて援軍派遣を取り付けるものであったと思われる（拙著『戦国大名・北条氏直』など）。

　またその間の二月三十日に、秀吉は真田昌幸に、家康が人質を出して（義伊のことを指しているか）、秀吉の意向に従うことを申し出てきたため、家康を赦免することを伝えたうえで、家康との停戦（「矢《や》留《どめ》」）を命じている（秀吉　一八五九）。ここで信濃国衆に家康との停戦を命じていることからすると、この時には家康の従属が確定的になっていたことがうかがわれる。いくつかの条件交渉について、合意されるようになっていたのかもしれない。

秀吉妹・朝日との結婚

秀吉への従属にともなう条件の一つが、家康と秀吉の妹・朝日（旭、南明院殿《なんみょういんでん》、一五四三〜九〇）との結婚であった。四月五日の時点で、秀吉は朝日の婚姻行列にともなう準備を直臣に命じていることから（愛12 一〇八六）、結婚の取り決めがそれ以前におこなわれていたことがわかる。結婚の準備期間を考えると、あるいは二月末の時点で決定されていたとも思われる。徳川家の家中が、この結婚を知ったのは四月十一日で、同十四日に婚儀が同二十八日におこなわれることに決まったことが伝えられている（愛12 一〇九五）。秀吉は、四月二十七日から二十九日にかけて天気次第でおこなうことにしていた（愛12 一〇九一など）。

ところが四月十九日に問題が生じた。家康は結納の使者として家臣天野康景《やすかげ》を派遣したのだが、秀吉は見知らぬ人物であったために怒り、婚儀を延期するとした。酒井忠次・本多忠勝（一五四八〜一六一〇）・榊原康政《さかきばらやすまさ》のいずれかを派遣するよう、秀吉家臣の小栗大六《おぐりだいろく》と信雄家臣の土方雄良を寄越して要求してきた。家康は難しい事態になったとして、秀吉との断交（「事切れ」）も考えたが、それでは信雄が面目を失うという土方の説得を容《い》れて、本多忠勝を二十三日に派遣した。そうして婚儀は五月九日におこなわれることが決まった。なおこの日付は、その後の状況をみると、三河に入国する日取りとみなされる。

ところがここでも問題が生じた。七日に、婚儀にともなって交換される起請文の内容に問題が生じたためか、婚儀はさらに延期されることになった。何が問題であったのかまではわからないが、九日に、翌十日におこなわれることになった。そうすると問題は解決されたのであろうか。しかし十日になると、翌十一日に延期された。延期の理由はわからないが、何らか準備か天候に差し障りが出たためであろうか。

そして十一日、朝日の徳川家領国入りがおこなわれる。朝日が大坂城を出立したのは、のちに秀吉母の大政所《おおまんどころ》（天瑞院殿《てんずいいんでん》、一五一六〜九二）が足かけ六日で三河に到着していることを参考にすると、六日頃のことであったと思われる。そうすると起請文に関わる問題は、朝日の出立直後に生じたものであったことになり、それにともなって二日延期されているので、実際の出立は四日頃のことであったとも考えられる。

さて朝日の三河到着にともない、家康家臣は、羽柴方領国との境目にあたる三河池鯉鮒《ちりゅう》（知立市《ちりゅう》）まで出迎えに行き、西の野で羽柴家から朝日を請け取った。朝日に供奉《ぐぶ》してきた秀吉家臣は、浅野長吉《ながよし》・富田一白《かずあき》・伊藤秀盛・滝川益重、織田信雄から派遣されてきた家臣は、織田長益・滝川雄利・飯田半兵衛らであった。そして徳川家から輿添《こしぞ》えしたのは、内藤信成・三宅康貞・鳥居忠兵衛・久野左大夫《さだゆう》・粟生将監《あわおしょうげん》・高力正長《こうりき》・榊原忠政らであった。婚姻行列は長柄輿《ながえごし》十二挺《ちょう》、釣輿《つりごし》十五挺、銭貨三千貫文《かんもん》(約三億円)・金銀二駄《だ》、道具は数知らず、という盛大なものであった。その日に岡崎城に到着した。

十二日、朝日は吉田城に到着した。城主酒井忠次とその与力《よりき》の三河在住の重臣と、羽柴家・織田家家臣とのあいだで贈答の遣り取りがおこなわれている。十三日は雨が降ったため吉田城に逗留し、十四日に、朝日は浜松城に入った。そして婚儀は十六日におこなわれた。十六日から十八日にかけて、婚儀にともなう「三日御祝い」がおこなわれている(以上、愛12 一〇九五)。

こうして朝日の大坂出立からも紆余曲折《うよきょくせつ》はあったものの、家康と朝日の結婚は無事におこなわれた。この結婚が、家康からの要請か、秀吉からの申し出か、いずれかは判明しないが、ともあれこれにより、家康は秀吉の義弟という立場になった。朝日は天文《てんぶん》十二年(一五四三)生まれであったから、家康よりも一歳年少にすぎず、この時は四四歳であった。当然ながら当時としては子どもを産める年齢ではないので、この結婚は、秀吉と家康の姻戚関係を形成するためのすぐれて政治的なものであった。家康にはこの時、正妻は不在であったので、当然ながらこの朝日が正妻に位置した。家康にとっては、築山殿《つきやまどの》に続く二人目の正妻となった。

なお朝日については、前夫がいて、それと離婚のうえで家康と結婚したことが伝えられている。しかしそのことを伝えるのは、いずれも江戸時代中期以降に成立した史料にすぎない。しかも前夫についてはまちまちで、「佐治日向守《さじひゅうがのかみ》」(「改正三河後風土記」)、「副田甚兵衛」(『武家事紀』)、「副田吉成」(「尾張志」)などとされている(中村孝也『家康の族葉』)。しかし佐治家に日向守なる人物は存在せず、副田氏の存在は当時の史料で確認されない。そのためこれらの所伝が、事実なのかどうか確認する材料すらないのが実情である。最も成立年代が古いのは『武家事紀』で、但馬《たじま》多伊城の守備を務めていたが、一揆の攻撃をうけて同城を失うという失態により、秀吉によって朝日と離婚させられたことが記されている。所伝のなかではもっとも自然な内容に思われる。前夫の名が本当に「副田甚兵衛」であったのかは確定できないが、何らかの理由で離婚となり、その後は秀吉のもとで生活していたことは間違いないように思う。そうしたところに家康を従属させるにあたって、思わぬ役割を担うことになった、ということであったろう。

秀吉への出仕

秀吉への従属にともなう条件に、ほかに領土協定があったと思われる。秀吉は六月十四日に大坂城に出仕した越後上杉景勝《かげかつ》（謙信《けんしん》の養子、一五五六〜一六二三）に、木曽義昌・小笠原貞慶・真田昌幸を、家康が出仕してきたら、家康に与力として附属する意向を伝えている（愛12　一一六五）。この内容は、家康から要請されたものであったろう。これも二月末の時点で合意されていた可能性があろう。ところが真田昌幸が、秀吉への出仕を実現しなかった。そのため家康は、その実現を求め、秀吉に真田討伐を申請した。秀吉もそれを容れて、七月十九日に家康に真田討伐を承認する（愛12　一二四四）。

これに対して、真田は上杉景勝に秀吉への取り成しを依頼し、上杉から秀吉に真田討伐の中止が要請された。秀吉は八月六日までは、家康に真田討伐を命じていたが（秀吉　一九二九）、翌八月七日になると、一転して討伐延期を命じてきた（愛12　一二四四）。ちょうど前月から、九州進軍を開始するようになっているので、秀吉は多方面での軍事行動を回避しようとしたのかもしれない。そうして家康に対しては、九月二十六日に浅野長吉・津田盛月・富田一白を派遣し、織田信雄からも織田長益・滝川雄利・土方雄良を派遣させて、家康に上洛・出仕の実現を要求した（愛12一一四七）。

その際に秀吉から提示されたのが、家康上洛中における人質として、大政所を三河に下向させることであったろう。ただし名目は、娘の朝日に対面するということにされた（愛12一一五〇）。家康もこれを承けて、ついに上洛・出仕することを決断した。すでに軍事的に秀吉に対抗しうる余地はなくなっており、信濃国衆の帰属問題も秀吉の差配で思い通りの解決が想定されること、そして何より大政所の下向という破格の対応を示されたことで、決断にいたったのであろう。十月八日の時点で、秀吉は十三日に大政所を大坂から出立させることを予定しているので（愛12一一五二）、大政所下向の決定は、先の秀吉使者への家康からの返事をうけて、すぐに決定されたことがうかがわれる。

そして大政所は、その十三日に大坂城を出立し（愛12一一五五）、十八日に岡崎城に到着した（愛12一一五九）。それにあわせて家康は、上洛のため十四日に浜松城を出立した（愛12一一五六）。引き連れた軍勢は六万人であったという（愛12一二四六）。家康は十五日に吉田城、十六日に西尾に到着し、二十日に尾張那子屋《なごや》（名古屋）に進んでいる。この行程をみると、家康は大政所が到着した岡崎城には滞在しなかったと思われる。しかし二十日まで三河に滞在していることからすると、大政所の無事の到着を確認したうえで、上洛の途についたのだろうと思われる。

家康は二十四日に京都に到着し、二十六日に大坂に赴いた。そこでは秀吉実弟の羽柴秀長（一五四〇～九一）の屋敷に宿泊した。そして二十七日に大坂城に登城し、秀吉に出仕した。この時に従えていた家臣は三千人であったという（愛12 一二四六）。これによって家康は、秀吉への従属を確定させた。同時に、羽柴（豊臣）政権に従属する「羽柴（豊臣）大名」の立場になった。家康はその後、十一月一日に再び上洛した。それは正親町《おおぎまち》天皇から後陽成《ごようぜい》天皇への譲位式への参列のためであった（愛12 一二五〇）。家康の上洛・出仕がこの時期におこなわれたのは、このためであったとみなされる。

そして家康は、譲位式に先立って、十一月三日に初めて参内した。秀吉の参内に随行したもので、織田信雄・羽柴秀長・羽柴秀次らと同道したものであった。それにともなって家康は五日に正三位《しょうさんみ》・権中納言《ごんのちゅうなごん》に叙任され（藤井譲治「徳川家康の叙位任官」）、そのうえで七日の譲位式に参列している（愛12 一二五二）。参列した武家は、信雄・家康・秀長・秀次で、家康は秀吉の義弟として、秀吉の実弟秀長や最年長の甥秀次よりも上位に位置付けられている。

家康はその後、帰国の途について、十日には尾張大高まで戻っている。十一日に岡崎城に到着し、また嫡男の長丸《ちょうまる》(秀忠、三男) が浜松城から迎えにきている。これをうけて十二日、大政所は岡崎城を出立して大坂に向かった。大政所と対面のために岡崎城に来ていた朝日(「御前様」)も、十六日に浜松城に戻った (愛12 一一六六~七・一一六九)。そして家康は、二十日に浜松城に帰還した。こうして家康は、上洛・出仕の旅を終えるのであった。秀吉への出仕後に、初めて参内し、また秀吉の推挙で権中納言に任官し、天皇位の交代式にも参列した。これらにより家康は、それまで経験したことのない、秀吉が創り出した新たな政治世界を体感したことであろう。そして家康は、この後は、その政治世界で重要な立場を占めていくことになる。

第九章　羽柴政権における立場

羽柴家親類大名筆頭の立場

家康は、天正《てんしょう》十四年（一五八六）十月に、羽柴（豊臣）秀吉に出仕《しゅっし》したことで、羽柴（豊臣）政権に従属する「羽柴（豊臣）大名」の一人になった。しかし秀吉への出仕に先立って、家康は秀吉の妹・朝日（南明院殿《なんみょういんでん》）を正妻に迎えていたため、政権主宰者の秀吉との関係は、妹婿にあたった。そのため家康の立場は、当初から他の旧戦国大名や旧織田家家臣らとは異なる、格別なものであった。

秀吉に出仕した直後の十一月五日、秀吉に随従しての参内にともなって、家康は正三位《しょうさんみ》・権中納言《ごんのちゅうなごん》に叙任されたが、これは政権下の大名のなかでは、権大納言《ごんのだいなごん》の織田信雄《のぶかつ》に次ぎ、秀吉実弟の秀長と同等であった。秀長に次ぐ羽柴家一門衆は、甥のなかで最年長の秀次であったが、その官職は参議で、家康のほうが上位に位置した。秀吉は自身が関白《かんぱく》に任官したことにより、政権における武家領主の身分制について、官位序列による新しい政治秩序を形成していた。家康はそこで、信雄に次ぎ、秀長と同等の地位に位置付けられている。しかも秀吉・秀長の次世代の一門衆よりも上位に位置した。それは家康の立場が、秀吉の妹婿であったからであった。そうした家康の立場は、羽柴家の親類大名ととらえることができ、かつその筆頭に位置したのであった。

そもそも家康は、前政権の織田政権において、すでに高い政治的地位に位置付けられていた。それは嫡男信康《のぶやす》が織田信長長女・五徳《ごとく》の婿という姻戚関係によっていた。それにより家康は、「織田一門大名」の立場に置かれていた。この姻戚関係は、信康事件によって解消されるが、家康の政治的地位は継続された。本能寺の変後では、織田信雄・同信孝に次ぐ地位に置かれていた。そのため秀吉が家康を政権内に位置付けるにあたっては、信雄に次ぎ、秀長と同等の地位ほどにする必要があり、そのために家康を妹婿にした、とみることができる。

信雄・家康=秀長という序列はしばらく継続され、同十五年八月八日に、信雄が正二《しょうに》位《い》・内大臣（任官は十一月か〈『公卿補任』〉）、家康・秀長は従二《じゅに》位《い》・権大納言に昇進するが、

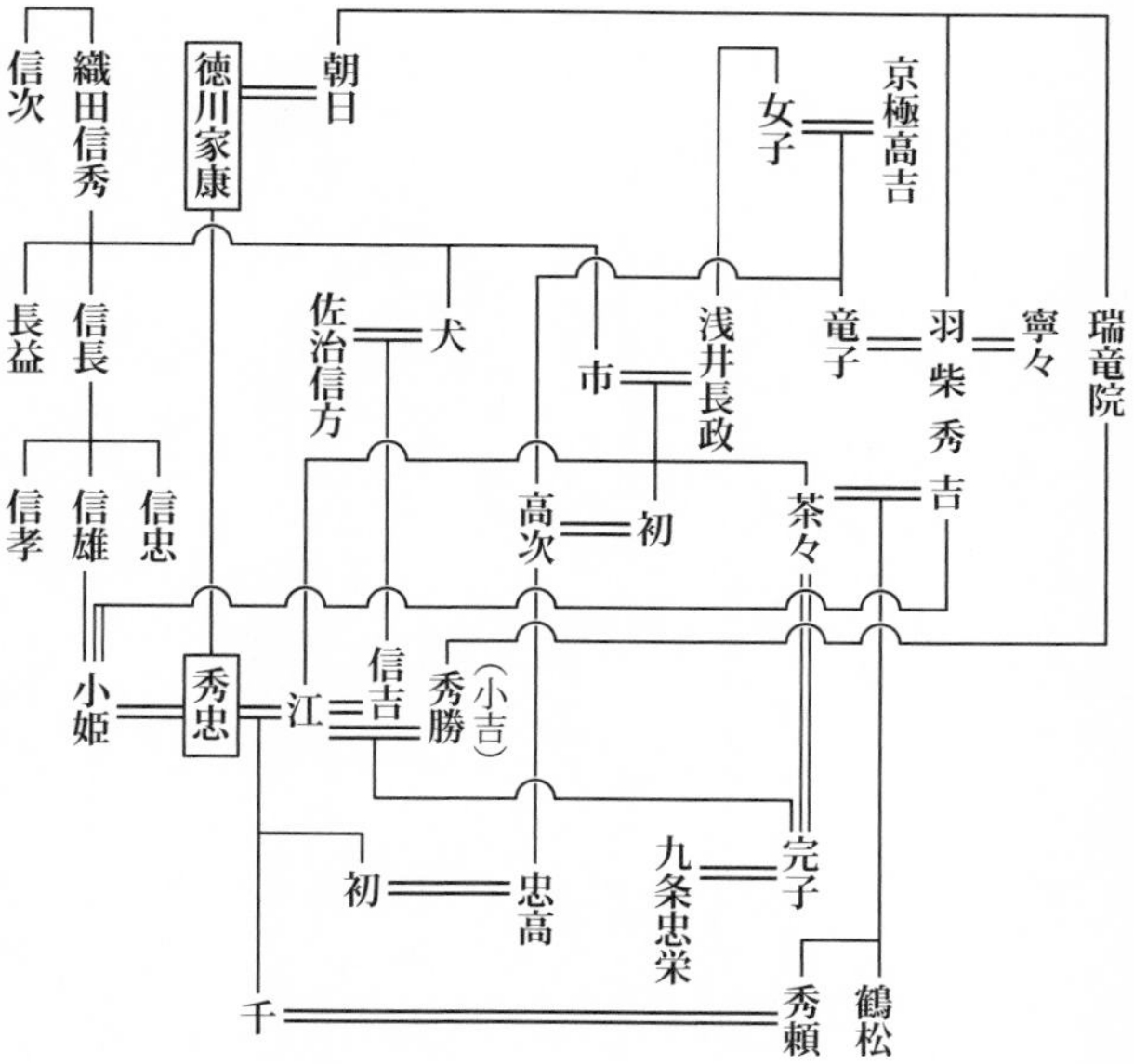

信次
織田信秀
徳川家康
朝日
女子
京極高吉
長益
信長
佐治信方
犬
市
浅井長政
竜子
羽柴秀吉
寧々
瑞竜院
信孝
信雄
信忠
高次
初
茶々
小姫
秀忠
江
信吉
秀勝
（小吉）
九条忠栄
完子
初
忠高
千
秀頼
鶴松

徳川家・羽柴家関係系図

序列は変化していない。その後、同十八年に信雄が失脚して、辞官し、前内大臣の立場になると、家康・秀長が諸大名筆頭になった。さらに同十九年に秀長が死去したことで、家康は単独で諸大名筆頭に位置することになった。妻朝日は前年の同十八年に死去していたが、家康の地位が変わることはなく、その状態は、秀吉が死去するまで継続された。そのなかで慶長《けいちょう》元年（一五九六）五月八日には正二位・内大臣に叙任されるまでになる。その時点で、前田利家《としいえ》（一五三九〜九九）が権大納言に昇進されて次点についてくることになるが、家康の政治的地位は他大名を凌駕《りょうが》し続けた。

また領国規模においても、家康は他大名を凌駕していた。秀吉に従属した際の領国高については、正確には不明であるが、「伏見普請役之帳」（「当代記」所収、前掲刊本六〇〜六頁）にみえる各国の石高《こくだか》と各大名の知行高《ちぎょうだか》が参考になる。なお同史料は慶長二年・同三年頃の作成と推定されている（白峰旬『日本近世城郭史の研究』）。

秀吉に従属した時点での家康の領国は、与力小名《よりきしょうみょう》（木曽・小笠原・真田）の信濃《しなの》における領国を含めて、駿河《するが》・遠江《とおとうみ》・三河・甲斐《かい》・信濃五ヶ国であったが、信濃のうち海津領が上杉家の領国であった。同史料でこの五ヶ国の石高を合計すると、一三三万一八八四石になる。このうち海津領の石高を一三万七五〇〇石とみて（慶長五年、森忠政への充行《あてがい》時のもの)、これを引くと、一一九万四三八四石となる。もちろんその間において検地などによる石高の増加があったとみられるものの、慶長二年・同三年時点にあわせれば、他との比較が可能になる。家康に次ぐ領国規模にあったのは毛利輝元《もうりてるもと》(一五五三〜一六二五)であったが、その知行高は一一二万石であった。これと比べると、家康の領国規模はそれを上回る、諸大名中随一であったことがわかる(ただし与力小名の領石高を差し引くと、一〇〇万石ほどであった)。

政権政務への関わり

このように家康は、羽柴政権において、秀吉妹婿の立場をもとに、諸大名筆頭の政治的地位にあり、かつ最大の領国規模を有し、最有力の大名として位置した。この立場をもとに家康は、政権運営においても重要な役割を果たした。家康は秀吉の死後に、政権の政務運営にあたる「五大老」に列し、その筆頭に位置するが、そうした制度が成立する以前、政権に参加した時から、政務に関与したことが明らかになっている(跡部信『豊臣政権の権力構造と天皇』)。

家康は秀吉に出仕した際に、早速に秀吉から「関東・奥羽《おうう》惣無事《そうぶじ》」の取り纏《まと》めを命じられた。秀吉はその件について、家康に「諸事を相任せ」「無事に仕《つかまつ》るべき」ことを命じたのである（竹井英文『織豊政権と東国社会』・拙著『小田原合戦と北条《ほうじょう》氏』など）。「関東・奥羽惣無事」とは、両地域における大名・国衆《くにしゅう》の抗争を停止させ、政権に従属させることであった。

これより以前、まだ織田政権の段階であった天正十一年十月に、家康は、織田家当主信雄の「指南」の立場にあった秀吉から、「関東惣無事」の実現を命じられていた。織田信長の死去直前、北条家とそれに敵対していた佐竹《さたけ》方勢力は、ともに織田家に従属したことで、両勢力間では停戦が実現していた。これを織田政権は「関東惣無事」と表現した。秀吉は、織田政権の内乱（第一段階）を克服したことをうけて、かつての織田政権の政治秩序を再生させるべく、両勢力と親密な政治関係を形成していた家康に、その実現を命じたものになる。ただしこれは、直後に内乱（第二段階）に展開していくため、事実上、沙汰止みになっていた。

秀吉は家康の従属をうけて、あらためてその執行を命じるのであったが、この時にはさらに、奥羽両国についても対象に含めた。家康は秀吉から、その東国政策の重要部分を委ねられたのである。天正十六年六月に、北条家は秀吉に従属を表明するが、それは家康のはたらきかけによるものであった。それより以前の同年三月には、奥羽伊達《だて》家と出羽最上《でわもがみ》家の和解をはたらきかけている。家康は独自の裁量によって、関東・奥羽の大名・国衆の政権への従属のはたらきかけをおこなっていた。

同十八年の小田原合戦により、関東・奥羽の大名・国衆は、すべて秀吉に従属した。その直後に奥羽で叛乱《はんらん》が生じるが、家康はその鎮圧を担った。しかもその際の同十九年六月、蒲生氏郷《がもううじさと》（「会津少将」）と伊達政宗《まさむね》（「伊達侍従」、一五六七〜一六三六）の領国画定について、鎮圧軍の総大将の羽柴秀次と相談のうえで、「然《しか》るべき様に申し付け」ることを命じられてもいる。家康はそうした東国大名の領国画定においても、実質的に差配していたのである。

朝鮮出兵においては、秀吉の政策を直接に変更させている。文禄《ぶんろく》元年（一五九二）六月、肥前名護屋《ひぜんなごや》城（唐津《からつ》市）に在城していた秀吉が、朝鮮に渡海することについて、前田利家とともに秀吉に進言して、出発を中止させ、事実上の中止に追い込んでいる。進言は家康の主導によるもので、その際に両者は秀吉に起請文《きしょうもん》を提出して進言していた。こうした役割は家康に限ることではなく、織田信雄・前田利家・毛利輝元らの有力大名には共通してみられていた。それら有力大名は、秀吉から事実上、政務への参加を認められていて、秀吉に意見し、時にその政策を変更させていた、とみられている。

秀吉は家康・利家の進言を容《い》れ、渡海を延期し、両者の連署状によって諸大名に事情を説明させている。さらに七月、秀吉は大政所《おおまんどころ》の病気のため大坂に帰るが、その際に家康と利家は留守中の諸事を委ねられて、秀吉の代行を務めるのである。こうした家康と利家の役割は、他の大名と区別された、「二大老」制ともいうべきものと評価されている。文禄四年七月の羽柴秀次事件ののち、家康・輝元・小早川隆景《こばやかわたかかげ》（一五三三〜九七）・利家・宇喜多秀家《うきたひでいえ》（一五七二〜一六五五）は、秀吉制定の「置目《おきめ》」への違反者について「糺明《きゅうめい》」と「成敗《せいばい》」にあたることになり、またこれに上杉景勝《かげかつ》を加えた六人は、秀吉への訴訟において、六人での談合のうえで秀吉に取り次ぐ役割を担った。これがのちの「五大老」につながっていくことはいうまでもない。

六人のうち小早川隆景は慶長二年に死去したことで、「大老」は五人になった。そのうえで家康と利家は、「二大老」ともいうべく、他とは別格に扱われた。利家はそうした役割により、慶長元年五月に権大納言に任官されて、名実ともに家康に次ぐ政治的地位を与えられている。利家は旧織田大名であったが、秀吉と複数の姻戚関係を形成する、有力な親類大名であった。その点でも、利家は家康に次ぐ存在であった。

両者は秀吉から諮問《しもん》にあずかり、諸大名から二人で秀吉にはたらきかけることを期待されていた。両者の役割は、秀吉に直属する中枢機構として、広い職域にわたって活動が認められ、またそれを期待されたもの、とみなされている。いわば秀吉の政務における相談役というものであった。

北条家従属実現への取り組み

家康はまた、秀吉に出仕した直後になる天正十四年（一五八六）十二月四日、本拠を駿府《すんぷ》城に移した（静8 一八八二）。駿府城に本拠を移すことは、前年からすすめられていたもので、閏《うるう》八月二十三日には駿府での屋敷が完成している（静8 一八〇一）。同時に城郭としての建設もすすめられていたであろう。この本拠移転は、家康が五ヶ国の大名になり、甲斐・信濃への進軍を円滑におこなうためであったと考えられる。

その時は信濃真田家領国に侵攻していた。信濃への進軍には、浜松から駿府を経由していたので、進軍の迅速性をより高めるためであったろう。しかも家康は、年少時にその駿府で生活していた。その時の駿府は今川家の本拠で、今川家は駿河・遠江・三河三ヶ国を領国とした海道筋随一の戦国大名であった。家康は図らずも、それにとって代わる存在になっていた。そうしたこともあり、駿府を新たな本拠地にしようとしたのであろう。

もっとも移転の実現は順調にはいかなかった。ちょうど秀吉から討伐を宣言されていたからであった。しかし天正十四年に入って、秀吉に従属することを決し、十月に秀吉への上洛・出仕を実現したことで、移転を実現することが可能になったのであった。家康が京都から浜松城に帰城したのは十一月二十日であった（静8 一八七九）。それからただちに駿府城への移転がおこなわれたのであった。

ところがこの移転については、同盟関係にあった北条家からは、疑念を抱かれることになる。家康は、秀吉に出仕したのち、秀吉から「関東・奥羽惣無事」の取り纏めを命じられた。そこでは北条家の秀吉への従属の実現が最大の課題になっていた。その家康が、隣国の駿河に本拠を移してきたので、それを北条家攻めの準備、と疑ったのである。そして北条家は、天正十五年正月から、秀吉を迎え撃つべく、領国全域について防衛体制をとっていくのであった。同年は、秀吉は九州平定をすすめていたため、北条家討伐を表明するのは九月になってからであった。そのため北条家は、いよいよ迎撃体制をとっていった。

北条家を秀吉に従属させるのは、家康に与えられていた任務であった。そのため家康は、天正十六年二月中旬頃に、北条家を秀吉に従属させる取り成しをすすめている。秀吉と北条家との従属をめぐる条件交渉は難航し、四月末には交渉決裂も必至の状況になっていた。そこで家康は、五月二十一日に北条氏政《うじまさ》・氏直《うじなお》父子に起請文を出し（戦北 四五三四）、秀吉への無条件での従属を勧告し、それが容れられない場合は、氏直の妻であった督姫《とくひめ》を離婚させることを申し入れた。これにより北条家も、秀吉に無条件での従属を表明し、秀吉もそれを承認し、赦免した。それをうけて北条家は、家康の取り成しをうけて、八月に秀吉に赦免への御礼の使者として、氏政弟の氏規《うじのり》を派遣した。氏規は永禄《えいろく》十二年、天正十年と家康との和睦を担当した存在で、その後も家康との外交を担当していた人物になる。

それをうけて北条氏政の上洛・出仕が取り決められるが、その際に、一つだけ条件が認められた。それは上野《こうずけ》沼田領問題の解決である。秀吉に従属し、家康に与力として附属されていた真田昌幸の領国のうち、上野部分について、北条家に割譲することを要請するものであった。この問題は、家康と北条家が同盟を成立させた時点からの懸案であり、北条家はその解決を求めたのである。秀吉は北条家の従属実現を優先し、沼田領三分の二を北条家に割譲させ、真田家には替え地を家康の領国から手当てさせた。家康もこれを受け容れた。そもそもは自身と北条家との協約から発しているものであったから、家康も北条家の秀吉への従属実現を優先させたといえよう。

関東領国への転封とその意味

こうして北条氏政の上洛・出仕の実現の条件がすべて調《ととの》えられた。氏政もその準備をすすめていた。ところが天正十七年（一五八九）十月末、沼田領で事件が勃発した。北条方の沼田城主が、真田家に留保されていた名胡桃城《なぐるみ》（みなかみ町）を奪取してしまったのである。実態は名胡桃城で内紛があり、北条方は支援を要請されて出兵したもののようである（拙著『真田昌幸』など）。しかし秀吉は、そもそも従属下の大名らに許可のない他領国への軍事行動を禁じていたなか（「惣無事令」）、これは秀吉による領国画定を無視する行為であるとして、北条家に従属する意志はないと判断したのである。そうして北条家追討を命じた。

家康は北条家への取次《とりつぎ》担当であったから、北条家に早急に従属実現を要請した。しかし北条家からは、秀吉への疑念からすぐに満足できる対応はとられなかった。この名胡桃城事件は、家康与力の真田家が当事者になっていたため、家康も当事者になっていた。そのため家康は、真田家の利益確保を優先し、北条家への取り成しに懸命にあたることはできなくなっていた。

そうして秀吉は北条家追討を実行した（小田原合戦）。家康は先陣を担い、軍勢も最大の三万人を動員し、二月下旬に出陣した。そして三月から北条家領国への侵攻が開始され、四月には北条家は本拠・小田原城に籠城《ろうじょう》した。そして六月に入ると、家康は織田信雄とともに、北条家に降伏のはたらきかけをおこない、その結果、七月五日に北条氏直は出城し、降伏した。これにより戦国大名北条家は滅亡した。

籠城戦が展開されていたなかの五月、北条家は改易《かいえき》されること、その領国は家康に与えられること、家康の領国は織田信雄に与えることが決められている。ただし三河については別人に与え、その代替として信雄には上野を与える、という案も検討されていたらしい（『戦国遺文房総編』二三九二号・戦北 四五四三）。結果として、家康は旧北条家領国のほとんどにあたる、伊豆・相模・武蔵《むさし》・上野（沼田領を除く）・下総《しもうさ》（結城《ゆうき》領を除く）・上総《かずさ》・下野（足利《あしかが》領・皆川領のみ）七ヶ国二四〇万二〇〇〇石に転封《てんぽう》になり（上総半国は里見家領国であったが、下野壬生《みぶ》家領・佐野家領・小山《おやま》領と相殺されるかたちになる）、本拠は秀吉の意見によって武蔵江戸城（千代田区）におかれることになった。

家康が、旧北条家領国に転封されたのは、家康が北条家への取次を担当していたにもかかわらず、北条家の従属を実現できず、開戦にいたってしまったからと考えられる。しかも北条家領国は、戦争により荒廃してしまった。家康は開戦にいたった責任を負わされ、領国復興にあたらされることになった、といえるであろう。そして江戸が本拠にされたのは、同地が、関東から奥羽に向かう主要道の起点に位置していたからとみられている（竹井英文「徳川家康江戸入部の歴史的背景」柴編『徳川家康』所収）。

それとともに、秀吉には旧戦国大名の領国を、より遠方に設定しようとする姿勢もみられた。そうした状況は、織田信長にもみられていたし、こののちの江戸幕府にもみられることから、これは戦国時代の中央政権に共通する志向であったとみなされる。実際にも秀吉は、これより以前に、毛利家を九州に転封することを検討していた。しかしその時は毛利家の意見により、取りやめになっている。先に述べたように、有力大名は秀吉に意見することができ、秀吉の政策を変更させることが可能であった。しかし家康はこの時、意見しなかったであろう。転封の背景に、自身の失態ともいうべき事態があったためであろう。

家康は、秀吉からの転封命令を受け容れ、関東領国に移った。しかしその領国高は、二四〇万石という破格のものであった。北条家の領国がいかに巨大なものであったかがわかるが、家康はそれをほぼそのまま与えられたのである。領国高はそれまでの約一一九万石からほぼ倍増されている。これは秀吉が、他方において親類大名筆頭であった家康に、配慮したものと考えることができるであろう。とはいえ関東領国からさらに転封される可能性もあった。小田原合戦にともなって奥羽も秀吉の領国下に入ったが、旧勢力による叛乱が起きた。家康がその鎮圧を担ったことは、先に触れたところである。そのさなかの翌十九年二月六日、家康が奥羽に国替えされるという噂が立っている（『家忠日記』前掲刊本三八七頁）。奥羽の鎮圧の結果次第では、そうした事態も現実した可能性は十分にあったといえよう。

ともあれこうして家康は、生まれ育った東海地域を離れて、関東という新天地で領国を経営することになった。領国高は二四〇万石余という、羽柴（豊臣）大名のなかでは突出するものとなった。これにより政権における政治的地位に、ますます重みが加わったことは間違いない。

家康・秀忠の特別な地位

小田原合戦開戦の直前の天正十八年（一五九〇）正月二十一日に、家康の三男で嫡男であった長丸《ちょうまる》（秀忠）が上洛し、秀吉に出仕するとともに、秀吉の取り成しによって、秀吉の養女となっていた織田信雄の娘・小姫《おひめ》（一五八五～九一）と婚約した（『多聞院日記』同月二十八日条)。長丸は天正七年生まれの一二歳、小姫は同十三年生まれの六歳であった。小姫は、二、三歳の時から秀吉の養女となっていたという。

秀吉の養女としては、それ以前に樹正院《じゅしょういん》(いわゆる「豪姫《ごうひめ》」、前田利家の娘)がいたにすぎず、それは宇喜多秀家と結婚していた。小姫はそれに続く養女であり、それを家康嫡男の長丸と結婚させることにしたのであった。そして秀吉は、北条家追討のうえで、関東三ヶ国を長丸に与えることを決めたという。これは長丸が、小姫の婿であることをもとに、家康嫡男というだけでなく、秀吉の娘婿として、別個に親類大名として取り立てられることを意味しよう。そうであれば家康が、小田原合戦後に関東七ヶ国という破格の領国を与えられたことには、このことが踏まえられていた可能性も想定される。

この婚約の直前にあたる正月十四日、家康正妻の朝日が四八歳で死去している。このことをみれば、長丸を秀吉養女と婚約させたのは、朝日死去にともなって断絶してしまう秀吉と家康の姻戚関係を、継続させるためであったと考えられる。長丸の上洛・婚約については、家康から人質をとるため(片山正彦『豊臣政権の東国政策と徳川氏』など)、長丸妻の小姫を人質にするため(福田千鶴『江の生涯』)、などの見解が出されている。

片山氏の見解については、福田氏が明快に否定している。家康正妻の朝日の死去が想定されていたなかでのことであったことは、間違いないとみられ、そのため小姫を朝日に代わる徳川家からの人質にするという、福田氏の見解は一理あるようにも思えるが、朝日・小姫ともに秀吉に近親にあたる存在であることからすると、一般の人質と同列には考えられないであろう。むしろ秀吉と家康の関係は、朝日を介して義兄弟にあり、それに基づいて政権における家康の政治的地位が成り立っていたことからすれば、秀吉にとって家康との姻戚関係の継続は必須のことであったと思われる。そのためこの婚約は、何よりも両者の姻戚関係の継続が目的であったと考えるのが妥当と思われる。

長丸は、小田原合戦後に再び上洛し（十一月と伝えられる）、十二月二十四日に従四位下《じゅしいげ》（形式的には初め従五位下《じゅごいげ》、同日に正五位下《しょうごいげ》、次いで従四位下に叙された）・侍従に叙任され（口宣案《くぜんあん》の日付は二十九日）、公家成《くげなり》大名とされた。そして翌天正十九年正月二十六日に元服し、秀吉から偏諱《へんき》を与えられて、実名「秀忠」を名乗った。下字の「忠」字は、家康の出身になる安城《あんじょう》松平氏の通字である。すでに家康の下字「康」に秀吉の偏諱を冠した実名は、次男秀康が称していたので、秀忠には先祖の通字の「忠」字が採用されたとみなされる。そして羽柴苗字・豊臣姓・武蔵守《むさしのかみ》を与えられ、「羽柴武蔵守秀忠」を称した。

羽柴（豊臣）政権における官位制に基づいた政治秩序において、従五位下・侍従の官位を与えられた大名は、昇殿が許され、公家成大名と称され、他の大名・直臣とは区別される地位におかれた。当時、公家成大名になっていたのは、羽柴家一門はもちろん、織田家一門、羽柴家の親類衆、旧織田家家臣の有力者、旧戦国大名・国衆の有力者であった（拙著『羽柴を名乗った人々』）。嫡男の立場で公家成されたのは、羽柴家一門と親類衆、旧戦国大名の有力者に限られていた。それに照らせば、秀忠が元服とともに公家成されたのは当然であった。

ただ秀忠の政治的地位は、他の親類衆や旧戦国大名とは区別されていた。同十九年十一月に近衛権少将《こんえごんのしょうしょう》を飛び越して参議・右近衛権中将《こんえごんのちゅうじょう》に、文禄元年（一五九二）九月に従三《じゅさん》位《み》・権中納言に昇進している。その時点で中納言以上の官職にあったのは、羽柴家当主になっていた関白秀次、大納言の家康と、同じ中納言の羽柴秀保《ひでやす》（秀長養嗣子《ようしし》、一五七九～九五）・同秀俊（秀吉養子、のち小早川秀秋、一五八二～一六〇二）だけであった。これはすなわち、秀忠の政治的地位は、羽柴家一門衆と同等におかれていたことを示している。父家康は、秀吉の義弟ということで、一門衆と同等に位置付けられていた。秀忠もまた養女婿という立場をもとに、同様の扱いを受けていたことがわかる。

もっとも秀忠と婚約した小姫は、天正十九年七月九日に、わずか七歳で死去していた。

同時期に秀吉嫡男の鶴松《つるまつ》も死去し、秀吉正妻の木下寧々《きのしたねね》（高台院《こうだいいん》、?～一六二四）も病気に罹《かか》っているので、何らかの流行感染症によった可能性が高い（渡辺江美子「甘棠院殿桂林少夫人」柴裕之編『織田氏一門』所収）。これにより秀吉と家康の姻戚関係は、完全に断絶した。秀吉義弟であった家康は、正妻朝日を失っており、秀吉養女婿であった秀忠も、婚約者小姫を失ったのである。にもかかわらず、秀忠はその後も、参議・中将、中納言へと昇進し、むしろ羽柴家一門衆と完全に同等に位置付けられている。このことは秀吉が、家康・秀忠父子を重んじ、具体的な姻戚関係が消滅したあとにおいても、引き続いてその待遇を維持したことを示している。

羽柴家当主に最も近い立場になる

そして家康自身も、秀忠と同じく、羽柴苗字・豊臣姓を与えられた。正確な時期は判明していないが、文禄三年（一五九四）九月二十一日付けで秀吉から家康に出された所領充行目録の宛名に、「羽柴江戸大納言」と記されていて、家康がそれ以前に羽柴苗字を与えられたことがわかる（堀新「豊臣秀吉と「豊臣」家康」など）。羽柴苗字を称しているから、それに対応して豊臣姓を称したことは確実である。

家康がかつて、永禄九年（一五六六）に徳川苗字への改称にともなって、本姓を源姓から藤原姓に改姓していたことについては、第二章で触れた。ところが秀吉に従属したあとの天正十五年十一月の遠江見付《みつけ》宣光寺の鐘銘《しょうめい》（静8　一九四一）、同十六年の「聚楽第行幸記《じゅらくていぎょうこうき》」（『群書類従第三輯』）、同十九年十一月の寺社への寄進状（家康中九二ほか）で、源姓を称している。これにより家康が、秀吉への従属以降、源姓に戻していたことがわかる。そのうえで羽柴苗字と豊臣姓を与えられたのであった。当時、公家成大名はすべて羽柴苗字・豊臣姓を称していたので、家康も例外ではなかったといえる。

ただし羽柴苗字・豊臣姓を与えられた時期は判明していない。天正十六年四月の聚楽第行幸以降のこととみなされるが、その後において、家康は「駿河大納言」「武蔵（江戸）大納言」と称されるだけで、苗字を記された史料がみられないからである。羽柴苗字が確認される文禄三年まで、六年もの空白がある。今後その間における関係史料の出現に期待するしかない。なお旧戦国大名においては、政権内で羽柴苗字を使用する一方で、領国内では本苗字を使用していた事例があり、それを使い分けていた可能性が指摘されている（平野明夫「徳川家康はいかにして秀吉に臣従したのか」）。そうした使い分けについては、上杉・最上・長宗我部《ちょうそかべ》・竜造寺《りゅうぞうじ》各家で確認され、里見・宇都宮各家もその可能性がある（拙著『羽柴を名乗った人々』)。そうすると家康についても、同様であった可能性は高い。ただし秀忠については、羽柴苗字の使用しか確認されていない。秀忠はやはり、羽柴家一門衆に近い立場にあったということであろうか。

そしてその秀忠は、文禄四年九月(十七日とする所伝がある)に、またも秀吉の取り成しによって、秀吉の養女とされた浅井江《あざいごう》(一五七三〜一六二六)と結婚する。江の姉の茶々《ちゃちゃ》(一五六九〜一六一五)は、秀吉の別妻で、嫡男秀頼《ひでより》(当時は幼名拾《ようみょうひろい》、一五九三〜一六一五)の生母であった。すなわち秀忠は、秀吉嫡男の母方叔母と結婚したのである。この時点で、秀吉には実子は秀頼しかいなかった。近親の一門衆・親類衆も、養子の小早川秀俊(木下寧々の甥)、養女婿の宇喜多秀家しかいなくなっていた。そうするとこれにより秀忠は、秀頼に最も近い親族の立場に位置付けられたことになる。

しかもこの結婚は、同年七月の秀次事件の直後にあたっていた。それにより羽柴家の後継者として、秀頼が確立されたのであった。秀吉はその秀頼に最も近い親族の位置に、秀忠をおいたことになる。家康は依然として、親類大名の筆頭にして、かつ諸大名筆頭の立場にあった。秀忠はその嫡男であった。これは秀吉が、秀頼の将来を、家康・秀忠父子の補佐に委ねようとするものであった、といってよい。そしてさらに、秀吉は死去に臨んで、秀忠長女の千《せん》と秀頼を婚約させるのであった。そうして秀吉は、羽柴家の将来を、徳川家の協力に託したのであった。

第一〇章　関ヶ原合戦後の「天下人」化

羽柴家執政の立場

慶長《けいちょう》三年（一五九八）八月十八日に、羽柴秀吉が死去した。後継者の秀頼《ひでより》は、まだ六歳の年少であった。当然ながら政務を執ることはできないので、秀頼成人までのあいだの政務体制として、遺言により、いわゆる「五大老・五奉行制」が組織された。家康は「五大老」の筆頭に位置した。また家康と前田利家《としいえ》（羽柴加賀大納言《だいなごん》）は、それまでと変わらず、五人のなかでも別格の立場に位置した。そして家康は、秀次事件以来の東国統治に加えて、政権首都の伏見《ふしみ》での「諸事御肝煎《しょじおきもいり》」を委ねられた。かたや利家は、北国統治に加えて、羽柴家本拠の大坂での「惣廻御肝煎《そうまわりおきもいり》」を委ねられた（跡部前掲書）。

秀吉の死去は、朝鮮在陣の諸大名の軍勢が帰還するまでしばらく公表されず、年末に公表された。それをうけて翌慶長四年元旦、秀頼が羽柴家の家督を継承して、伏見城で諸大名から年頭挨拶をうけ、そのうえで十日に大坂城に移った。秀頼補佐を担う利家は、それに同行した。以後、羽柴家の本拠は大坂城に移された。秀吉死去から「五大老・五奉行」による政権運営がおこなわれるものの、すぐに内部分裂が展開され、各種の政変・事件が生じていく。その帰結が、同五年の関ヶ原合戦であり、それによって家康の政務体制が確立されることになる。

秀吉死去から関ヶ原合戦までにおける政権の動向については、近年、急速に、かつかなり詳細に解明がすすめられている。そのためそれらを総括するだけでも、大仕事になり、それだけでも数冊の分量を必要としよう。そのためここでは、それらの研究成果を参照しつつ、家康の動向と立場に焦点をあてて述べていくことにしたい。参照すべき研究成果も極めて多数にのぼるが、ここでは叙述にあたって直接に依拠したもののみを紹介するにとどめざるをえない。

すでに慶長四年正月には、家康と、利家・四奉行(前田玄以《げんい》・増田《ました》長盛《ながもり》・石田三成《みつなり》・長束《なつか》正家《まさいえ》)との政治対立が生じるようになっている。そのうえで閏《うるう》三月三日に利家が死去した。これを機に、福島正則(羽柴清須《きよす》侍従)ら七将が三成討伐をはかるという、羽柴家譜代家臣の内部抗争が生じた。事件は、家康・毛利輝元《もうりてるもと》（羽柴安芸中納言《あきちゅうなごん》）・上杉景勝《かげかつ》（羽柴会津《あいづ》中納言）の三大老の協調によって処理された。その結果、三成は隠居し、奉行を罷免される。その過程で、家康と輝元は「兄弟契約」を結んでいて、それは家康を兄、輝元を弟とする、家康上位のものであった。また家康は、景勝と縁組みを契約した。これは実現されなかったが、のちに家康五男の信吉《のぶよし》（一五八三〜一六〇三）が景勝の養嗣子《ようしし》になる話があるので、この時もそれが想定されたのかもしれない。

事件解決後の閏三月十三日、家康は伏見城西の丸に入城した。これについて世間では家康が「天下殿」になったと評価した。しかし実態は、家康は他の大老や四奉行と協調して政務にあたっていた。もっとも七月頃から、外交を管掌し、また国内の内乱（島津家領国での庄内の乱）への対応にあたるなど、政務担当の側面を強めるようになっている。しかし大きく変化をみせるのは、同年九月の大坂城西の丸入城であった。そしてそれは「一種のクーデター」であった（谷徹也「秀吉死後の豊臣政権」）。

家康は大坂城西の丸入城にともなって、秀頼のためとして、新たに「御置目《おんおきめ》・法度《はっと》」を定め、秀頼の後見人として天下統治をおこなうようになった、とみなされている。そこでは秀吉制定の「御置目」「御掟《おんおきて》」や遺言で禁じられていた、諸大名との起請文《きしょうもん》交換、諸大名への所領充行《あてがい》、さらには訴訟処理などがおこなわれた。しかもそれらの政務は、三奉行（前田・増田・長束）によって遂行されたから、それらは紛れもなく羽柴政権としての政務であった。こうした家康の立場は、「天下人」不在のなか、実質的にそれを代行するものであった。家康が在城した大坂城西の丸には、同五年二月から三月にかけて、本丸天守に張り合うかのように天守が建築されもした。家康は、なお羽柴家の「大老」という立場にありつつも、実質的にはすでに「天下人」として存在しつつあった、とみることができる。

関ヶ原合戦による覇権確立

もっとも周囲は、家康をあくまでも「天下の家老」と認識し、「（天下の）主人」とみなしていたわけではなかった（福田千鶴『豊臣秀頼』）。そのため家康は、自身の政務体制に反発する、ないしそれが想定される存在に対して、自身への屈服をすすめていくことになる。それはちょうど、羽柴秀吉が織田信長死去後の織田政権においてとった行動と、あたかも相似している。

そもそも大坂城西の丸入城にともなって、領国の加賀に在国していた「大老」前田利長《としなが》

（羽柴加賀中納言、一五六二～一六一四）を政務から排除し、「大老」宇喜多秀家（羽柴備前《びぜん》中納言）の居所を大坂から伏見に変更させて、同じく政務から排除した。さらに秀忠妻の江《ごう》を、大坂から江戸に下向させている。それは政権への人質を回収したことを意味した（大西泰正『前田利家・利長』）。これにより徳川家は、実質的に羽柴家に人質を出さない存在になった。徳川家と羽柴家の関係の曖昧さが生み出される端緒と認識できる。

また大坂城西の丸入城後から、前田利長とのあいだに不穏な状況が生じた。通説では、家康は利長を追討する「加賀征伐」を企てた、とされているが、大西泰正氏の検討により、それは虚説であることが明らかになっている。家康と利長は和解をすすめ、その際には家康五男信吉を利長の養子にする案も浮上したらしい。結局、慶長五年（一六〇〇）五月に、利長の母芳春院《ほうしゅんいん》が江戸に下向し、徳川家への人質に出されたことで、利長の家康への従属が示された。

ただし同時に、利長妻の玉泉院殿《ぎょくせんいんでん》（信長娘、一五七四～一六二三）と利長後継者の立場にあった弟の利政（羽柴能登《のと》侍従）を、大坂から加賀に帰国させている。これはこの時の前田家の政治的立場の転換を示していて重要である。玉泉院殿は羽柴家への人質であったから、その帰国は前田家も、羽柴家に人質を出さない存在になったことを意味した。また利政は、能登の領国大名であるとともに、大坂城の勤番衆《きんばんしゅう》であったが、その役目が解かれたことを意味した。それらは前田家が、徳川家に従属したことにともなって、羽柴家に奉公する存在でなくなったことを示した。

他方で家康は同年四月から、領国の陸奥《むつ》会津領に在国している「大老」上杉景勝に、上洛を要求した。これももちろん家康への従属を求めたものになろう。上杉景勝はこれを拒否し、そのため家康は「会津討伐」を企てる。そして諸大名に出陣を命じて、六月十六日に大坂城から伏見に移り、十八日に会津に向けて出陣することになる。もっともそれに先立つ五月に、家康は残りの「大老」の毛利輝元・宇喜多秀家との三大老連署で、前年十二月からこの年四月までの日付で、羽柴家直臣と寺社への知行充行状《ちぎょうあてがいじょう》を作成している（谷前掲論文）。ただしその意味については、まだ明確になっていない。しかしこれは、それまで政務から排除していた毛利・宇喜多を、政務に復帰させたことになる。家康はその時点で、どうして両者を政務に復帰させたのか、この時期の政治情勢を分析するためにも重要であろう。

そうしたなか、七月十二日に政局が大転換する。元奉行・石田三成と羽柴家有力直臣・大谷吉継《よしつぐ》が家康討伐のために蜂起し、これに「大老」毛利・宇喜多と三奉行が同心したのである。すなわち「関ヶ原合戦」の勃発である。これにともなって各地では、家康の江戸方と毛利らの大坂方に二分した抗争が展開された。近年、各大名・各地域の動向が詳細に明らかにされるようになっている。さらに今後、ますます解明がすすめられていくことであろう。同合戦の詳細については、それらの研究成果に委ねざるをえない。結果として家康は、「会津討伐」で率いていた軍勢をもとに、九月十五日の美濃《みの》関ヶ原合戦で大坂方に勝利し、それにより反対勢力の一掃を遂《と》げるのである。

合戦後、家康は大坂に向けて進軍する。二十二日に家康に代わって大坂城西の丸に在城して、大坂方総帥の立場にあった毛利輝元は、家康に従属を誓約し、二十五日に大坂城から退去した。家康は二十七日にそれに代わって西の丸に入城し、さらに二の丸に嫡男秀忠を入れた。そしてその日、秀頼に対面した。この対面について世間では、「家康と秀頼の和睦」と認識する向きもあった。そのあいだの十九日に木下寧々は京都新城から退去していて、二十一日に茶々と秀頼は家康に書状を出していた。書状の内容は判明していないが、家康支持を表明するものであったろう。大坂城が大坂方の本拠になっていたから、それらは寧々・茶々・秀頼が大坂方に味方したととられることを懸念してのことであろう。

家康としても、いまだ各地に敵対勢力が残存していて、その追討の必要があったから、茶々・秀頼には穏便に対応し、秀頼との主従関係を解消することはなかった。しかし十月から、敵対した大名領の収公、合戦で戦功のあった大名に新領国・所領の充行をすすめていった。それは実質的に、それら大名との主従関係を形成したことを意味した。以後において家康は、天下統治を独自の裁量でおこなっていくことになる。図らずも反対勢力が一斉に蜂起し、それに軍事勝利したことで、家康の覇権は一気に確立したのであった。

羽柴政権からの自立

家康はその後もしばらく、秀頼への主従関係を解消していない。しかし翌慶長六年（一六〇一）から元旦での秀頼への年頭挨拶をおこなっていない。家康が秀頼に出仕《しゅっし》したのも、同七年三月十三日と同八年二月四日だけであった。そしてその後は、秀頼に出仕すらしなくなっている。最後に出仕した慶長八年二月四日というのは、家康が征夷大将軍《せいいたいしょうぐん》に任官する二月十二日の直前にあたっている。したがって家康は、将軍任官を機に、秀頼に出仕しなくなったのであり、それはすなわち、秀頼との主従関係を解消したことを意味した。

しかしそれ以前においても、わずか年一回の出仕だけで、そこで年頭挨拶しているにすぎない。このことから家康は、秀頼との主従関係について、それまでは名目的に維持していただけで、実質的には解消していたと認識していたとみなされる。将軍任官により、羽柴家との主従関係を解消する名分を確立したことで、それを完全に実現したとみることができる。慶長六年元旦、家康は大坂城に在城していたから、本来は秀頼に年頭挨拶しなければならなかった。しかしその日、家康は病気として欠席した。それが認められているということは、茶々・秀頼も、事実上、家康との主従関係は解消されたと認識していたと考えられる。病気欠席は、問題を顕在化させない高度な政治的演出であった。

また羽柴政権のもとで、家康・秀忠・秀康は羽柴苗字・豊臣姓を称していた。家康の羽柴苗字使用例は極めて少ないため、事情は判明しないが、秀忠・秀康は基本的に羽柴苗字を称し、本苗字（それぞれ徳川・結城《ゆうき》）は使用していなかった。しかし秀忠が、羽柴苗字と一体で使用していた「武蔵守《むさしのかみ》」の通称を使用しているのは、慶長五年九月二十日を最後にしている（拙著『羽柴を名乗った人々』）。また秀康が羽柴苗字を使用した最後は、同年十月十六日となっている（拙著『近世初期大名の身分秩序と文書』四〇三頁）。

羽柴苗字の使用は、羽柴政権を構成する公家成《くげなり》大名の身分的表現であったことからすると、家康父子がそろって合戦後から羽柴苗字の使用を止めていることは、家康父子が羽柴政権の構成者であることを解消したことを表明する行為、とみることができる。また本姓についても、慶長七年に比定される二月二十日付けの近衛前久《このえさきひさ》書状によって（岡野前掲書参照）、それ以前に、家康は豊臣姓もしくは藤原姓から、再び源姓に改姓していたことが確認されている。

改姓の時期は明確ではないが、慶長七年の二月二十日の時点で「只今は」とあるだけなので、具体的には判明していない。しかし関ヶ原合戦後であったことは間違いなかろう。その前年の慶長六年三月二十八日に、秀忠は従二位《じゅにい》・権大納言《ごんのだいなごん》に叙任されているが、その時の本姓は、それまでの豊臣姓ではなく、源姓になっている。これは徳川家の本姓が、源姓に変えられていたことによろう。そうすると家康の源姓への改姓は、それ以前のことであったと推定できるであろう。

これらのことはすなわち、家康は合戦での勝利をうけて、羽柴政権に代わって、自らを主宰者とする政権の樹立を企図するようになっていたことを意味しよう。それはあたかも小牧《こまき》・長久手《ながくて》合戦で織田家当主信雄《のぶかつ》に勝利したことで、秀吉が織田政権に代わって羽柴政権を樹立したことに相似する。

家康が最初におこなったのは、慶長六年三月二十三日に、大坂城西の丸から出て、伏見城に移り、そこで天下統治をおこなうようになったことである。伏見城を、大坂城に代わる「天下の政庁」としたのであった。しかも翌二十四日に、大坂城二の丸に在城していた秀忠も、そこから出て伏見城に移った。これにより大坂城に在城していた徳川家の人々は一人もいなくなった。しかもそれだけでなく、家康は諸大名をも、大坂から伏見へ移居させた。諸大名の大坂屋敷には、政権への人質として妻子が居住していた。それをすべて伏見に移居させたのである。それにより諸大名は、家康に忠誠を誓うかたちになった。そうして大坂城は、「天下の政庁」ではなくなり、羽柴家の本拠としての性格に特化されることになった。

それと同時におこなわれたのが、政権と羽柴家との分離であった。それまでの羽柴家は、政権主宰者であったため、政権政務と羽柴家の家政は一体化しており、また財政においても政権財政と家財政は一体化していた。全国に所在した羽柴家の直轄領（いわゆる「太閤《たいこう》蔵入地《くらいりち》」）から納入される租税が、政権財政の原資であったとともに、羽柴家の家財政の原資でもあった、という状態にあった。ところが天下統治を担う家康が、伏見城で政務を執るようになったことにともなって、政権財政は家康が管掌することになる。それにともなって羽柴家の直轄領は、基本的には政権に移管されて、羽柴家の管轄から外されたのである。

この政権と羽柴家の分離によって、羽柴家は、大坂城を本拠とし、それを中心にした摂津・河内《かわち》・和泉《いずみ》三ヶ国六五万七四〇〇石余を領国とする存在になった。それはすなわち、羽柴家が事実上、一大名の立場になったことを意味した。ただし従前の羽柴家直轄領が、すべて政権に移行したのではなかったらしく、山城・近江《おうみ》・備中《びっちゅう》・信濃《しなの》・美濃・大和《やまと》・丹《たん》後《ご》・伊予《いよ》・伊勢《いせ》などにわたって、少なくとも二五万石以上は存在していたことが指摘されている（福田千鶴『豊臣秀頼』）。けれどもそれ以前に、二〇〇万石以上が存在していたことと比べれば、大きく減少したことは間違いない。ただしその具体的な状況はいまだ詳しくは判明していない。今後、丹念に検証していくことが必要である。

いずれにしてもこの家康の伏見城移居により、家康を主宰者とする新たな政権が誕生したのであった。実際にもその翌年、茶々は家老の片桐且元《かたぎりかつもと》への所領加増について、家康に要請しているのである（拙著『羽柴家崩壊』）。このことは羽柴家の事実上の家長になっていた茶々でさえ、羽柴家が自由にできるのは狭義の領国にすぎなかったことを、認識していたことを示していよう。

家康の将軍任官構想

家康が続いて企図したのは、名実ともに自身を主宰者とする政権の樹立であった。それについて家康が構想したのは、征夷大将軍に任官し、京都に新城を構築し、そこに後陽成《ごようぜい》天皇の行幸《ぎょうこう》をうける、というものであった。この構想の存在が確認されるのは、慶長六年（一六〇一）に比定される五月十二日付けで、蝦夷地《えぞち》松前領の松前慶広《よしひろ》の子の守広《もりひろ》が、伏見に滞在するなかで、国元に上方《かみがた》の情勢を報《しら》せた書状である（『青森県史資料編近世Ⅰ』三〇一号）。これは福田千鶴氏（『豊臣秀頼』）により注目されたもので、この時期の家康の政権構想を示す、極めて重要な史料である。

そこには、家康が五月九日に伏見から京都にのぼり、十一日に参内したことに続けて、家康が、京都に屋形《やかた》を建設しようとしていて、その屋形が完成したら、後陽成天皇の行幸をうけて、家康は「日本将軍」、すなわち征夷大将軍に任官するとのことだ、と記されている。京都での屋形というのは、のちの二条城として実現されるものにあたる。家康はその建設を、慶長六年十二月から開始している。二条城は二年後の同八年三月に竣工する。しかしその時には、家康は将軍任官を実現していた。そのためすぐに天皇の行幸をうける必要はなくなっていた。ちなみに二条城に天皇の行幸をうけるのは、家康が死去してから十年ほど経った寛永《かんえい》三年（一六二六）のことになる。

家康が、実際にも慶長六年十二月から二条城の建設を開始していることをみても、同年五月における将軍任官構想は、事実とみなしてよい。家康は、政権と羽柴家の分離を果たしたうえで、いよいよ自身を主宰者とする政権についての名分の確立を図ったとみなされる。そこで選択されたのは、前政権で主宰者の地位を表現した関白《かんぱく》ではなく、それ以前の武家政権で政権主宰者の地位を表現した、征夷大将軍であった。また先に触れた、同七年二月の近衛前久書状では、家康が源姓に改姓していたことが記されていたが、そこには改姓の理由について、「将軍望みに付いて」であったことが記されている。

家康は、武家政権の首長として征夷大将軍に任官するには、鎌倉源家・室町足利《むろまちあしかが》家にならって、源氏であることが相応《ふさわ》しいと認識し、それゆえに源姓に改姓したことがわかる。家康が源姓に改姓したのは、先に触れたように、慶長六年三月二十八日の秀忠の叙任以前のことであったと推定された。そうすると家康が将軍任官を構想したのも、それ以前であったことがうかがわれる。秀忠叙任の直前に大坂城から伏見城に移っていることからすると、すでにその時には、将軍任官を構想していたとみることができるであろう。

このようにみてくると、家康は、合戦後から新たな政権の樹立を図っていたと考えてよいであろう。羽柴家当主の秀頼は、合戦の時点でまだ八歳の年少で、とても政務を執れない。秀頼に代わって羽柴家の家長を務めた茶々にしても、政治経験のなさから政務を執ることはできない。そのため「天下の家老」であった家康が、天下統治を担ったのである。しかも合戦により、家康は反対勢力に軍事的勝利し、合戦後の領国・所領充行によって諸大名に対する主従関係を確立させていた。それにより自身を主宰者にした政権の樹立をはかる、というのは極めて自然な動きであったろう。

かつて秀吉は、賤ヶ岳《しずがたけ》合戦の勝利をうけて、事実上、天下統治を担った。しかしその時には織田家当主信雄が存在していたため、信雄との直接対決が避けられなかった。しかしこの家康の場合、秀頼は年少であり、政務を執れない状況（秀頼の政務開始は慶長十三年からのこと）にあったから、秀吉の場合に比べると、はるかに穏便に政権交代が可能な状況にあった。そして世情も、家康による新政権樹立を当然と認識していた。慶長六年四月、伊達政宗《だてまさむね》（羽柴大崎少将）は、家康の政務は秀頼成人までの代行という原則を踏まえつつも、成人後の秀頼の器量が天下統治を担えるものでなければ、二、三ヶ国の領国（いわば現状維持）もしくはそれ以下の所領でも与えて、分相応に扱うのがよい、とすら述べている（『仙台市史資料編11』一一三六号）。

戦時体制の解消と将軍任官

もっとも家康が将軍任官を実現するには、それに相応しく、国内平定の実現が必要と認識されたであろう。関ヶ原合戦の翌年の慶長六年（一六〇一）になっても、家康に従属する態度をとっていなかったのは、陸奥会津領一二〇万石の上杉景勝、常陸《ひたち》五四万石の佐竹《さたけ》義宣《よしのぶ》（羽柴常陸侍従、一五七〇〜一六三三）、薩摩《さつま》・大隅《おおすみ》・日向《ひゅうが》六〇万石の島津《しまづ》忠恒《ただつね》（羽柴薩摩少将、のち家久《いえひさ》、一五七六〜一六三八）であった。いずれも羽柴政権における有力大名であった。しかしそれらも、家康と交戦することなく、家康に従属していった。

まず上杉景勝である。景勝は、慶長五年十二月から家康との和睦交渉を開始した（以下、今福匡『「東国の雄」上杉景勝』などによる）。もっとも会津領では、同六年正月まで、家康方との抗争が続いていた。和睦が成立したのは二月であった。五月には、景勝は出家して降伏する姿勢を示した（前出松前守広書状）。そして七月一日に景勝と家老・直江《なおえ》兼続《かねつぐ》は会津を出立し、松平（結城）秀康の同道をうけて、二十四日に伏見に入った。二十六日に大坂に赴いて秀頼に出仕し、伏見に戻って、八月八日に秀康の取り成しをうけて家康に出仕した。景勝の処分はなかなか決定されず、直江兼続の娘を景勝の養女にし、家康五男信吉を婿養子にとって、家督を譲ることなどが検討されたらしい。結局、家康は八月十六日に、景勝を出羽《でわ》米沢《よねざわ》領三〇万石に減封することにした。これをうけて景勝は、十月三日に大坂に下って茶々・秀頼に暇乞《いとまご》いし、伏見に戻って家康に暇乞いして、十五日に伏見を出立、二十八日に米沢に到着している。

次に佐竹義宣である。佐竹義宣は合戦において、明確には家康に敵対していなかった。上杉家と軍事協定を結ぶ一方で、九月中旬になると江戸方の伊達政宗と連絡をとって、江戸方に参加する姿勢をとった（以下、森木悠介「豊臣政権と佐竹氏」「激動の時代を乗り越え、秋田二十万石の大名として存続」・平岡崇「秋田移封」などによる）。しかし具体的に軍事参加する以前に、関ヶ原での家康の勝利が決定してしまった。そのため義宣は、家康の味方としての姿勢を示すことができないままとなった。慶長六年正月に、家康による上杉追討が検討されると、義宣はそれへの参戦の姿勢を示した。四月に秀忠が江戸に下向してくると、それを出迎えている。この時に、後世の記録では、父で隠居の義重が上洛して伏見の家康に出頭し、謝罪したことを伝えているが、その実否についてはまだ確認できないらしい。

十一月に家康が江戸に下向してくると、義宣はこれを出迎えている。家康に対して、徹底して恭順の姿勢を示しているといってよい。そして同七年三月七日にあらためて上洛し、伏見の家康に出仕している。続けて大坂に下って、秀頼に出仕したらしい。具体的な事情や経緯は判明していないが、五月七日（もしくは八日）になって、家康は義宣を出羽秋田二〇万石に減知《げんち》転封《てんぽう》することを決した。伏見に滞在を続けていた義宣は、突然の決定に動揺したという。しかしこれを受け容《い》れ、ただちに国元に転封の指示を出した。

義宣の転封は、明確に敵対していなかったのだから、想定外のことであったのだろう。しかし家康としては、明確に味方しなかった義宣を、本拠付近の関東でそのままにしておくことはできなかったのだろう。そのため遠方に転封させることにしたのだと考えられる。そして六月十四日に、義宣は国元に秋田への即刻移住を指示し、家臣らは二十一日に秋田にむけて常陸を出立したらしい。この間、義重は江戸に下向して徳川家に謝罪をこころみたらしいが、受け容れられなかったようである。義宣も七月二十九日に伏見を出立し、九月十七日に秋田に到着したという。

最後に島津忠恒である。家康と忠恒とのあいだでは、合戦直後から和睦交渉がおこなわれていた（以下、新名一仁『「不屈の両殿」島津義久・義弘』などによる）。島津家領国に対しては、江戸方の加藤清正・黒田如水《じょすい》らの軍勢が侵攻を続けていたが、十一月十二日には家康は島津方との停戦を命じている。ここから和睦交渉が本格化するが、それは難航した。

原因は島津家の家政の在り方にあった。当主は忠恒であったが、家長として存在したのは、前当主の義久（当時は法名竜伯《ほうみょうりゅうはく》、一五三三〜一六一一）であった。忠恒は義久の弟・義弘（羽柴薩摩侍従、当時は法名惟新《いしん》、一五三五〜一六一九）の子で義久の婿養子であった。しかもそれまで政権に対応していたのは、義弘であった。その義弘は、関ヶ原合戦で大坂方について家康に敵対していた。

家康は家長の義久の出仕を求めたが、義久はそれを拒否した。これをうけて忠恒は、慶長六年正月には、徳川方との一戦を覚悟し、本拠として新たに鹿児島城（鹿児島市）を築く。同時にそれは、忠恒の義久からの自立の端緒であろうとみられている。その後も家康は、家長の義久の上洛を要求し続けた。しかし義久は決断を下せず、そのため島津家もなかなか対応を決められない状況が続いた。同年八月に、島津家への取次《とりつぎ》を務める徳川家家臣の本多正信・山口直友《なおとも》は、義久・忠恒の身命と領国の安堵《あんど》を保証する起請文を出した。これをうけて十二月に、ようやく義久は翌年に上洛することを表明した。

同七年正月に、島津家から家老が派遣されてきた。それをうけて四月、家康は義久に領国の安堵と、家督を忠恒が継承することを保証する起請文を出した。これによって家康に出仕するのは、義久でなく忠恒でよくなった。忠恒は八月一日に上洛のため鹿児島を出立するが、島津家では家中での混乱が続いていた。そのため忠恒は日向に留まらざるをえなくなった。結局、義久と忠恒、義久と義弘は互いに関係を確認し合い、家老・伊集院忠真《いじゅういんただざね》を粛清することで、家中の統一が図られた。

そのうえで忠恒は、九月二十七日にようやく日向から出立し、十月十五日に大坂に到着した。家康は十二月二十五日に、江戸から伏見に戻ると、二十八日に忠恒を出仕させた。これによって島津家は家康への従属を成立させた。島津家の領国はすべて安堵された。家康に敵対したとはいえ、それは義弘で、当主でなかったのが幸いしたといえる。島津家の家政の在り方の複雑さが、逆にこの場合には功を奏したということかもしれない。

ともあれこの島津忠恒の出仕によって、関ヶ原合戦から続いていた戦時体制は終息をみた。これにより家康は、すべての大名らを従属させたのであった。島津の出仕をうけた直後の十二月三十日に、世情では、秀忠が将軍になって秀頼が関白になる、と噂が立っている。同八年正月には、家康が将軍になり、秀頼が関白になる、とも噂された。すべての大名が従属したことで、徳川家が将軍になることは、世情では既定路線となっていたことがわかる。そして実際に、慶長八年二月十二日に、家康は征夷大将軍に任官し、自身を主宰者とする政権を、名実ともに樹立したのであった。

家康にとって残された課題は、旧主家の羽柴家を、いかに従属させるかとなった。しかしそれは、これから十年以上の長きにおよんで展開されることになる。けれどもその実態については、まだまだ不明なところが多い。今後、それらの解明がすすめられることを期待したい。もっとも家康はこの時、もう六二歳になっていた。これは羽柴秀吉が死去した時の年齢にあたっている。そうするとその後の家康は、いつ死去してもおかしくない状況にあったといっていいかもしれない。家康のその後の動向は、死去を見据えながら、目前の課題に対処していったものとみることができそうである。

おわりに

二〇二三年NHK大河ドラマ「どうする家康」を機会に、徳川家康の研究をできるだけ進展させたい、と考えていた。大河ドラマにともなって、主人公とその周辺に世間の注目が高まり、それに応じて関連書籍を刊行することが、通常よりも容易になるからである。研究者が刊行する書籍は、いうまでもなく研究成果をもとにしたものになる。良質の研究者が関連書籍を刊行することで、それだけ研究が進展することになる。そしてそれは今後における関連研究の出発点ともなる。

私はそのことを、二〇一六年NHK大河ドラマ「真田丸」の時に、強く実感した。私はそこで時代考証を担当したが、同じく時代考証を務めた平山優氏・丸島和洋氏とともども、それぞれで四冊ずつ真田家関係の新著を刊行した。さらにそれ以外の研究者による良質の著作も複数刊行され、真田家研究は飛躍的に進展した。同様のことは、二〇一七年「おんな城主直虎」・二〇二二年「麒麟《きりん》がくる」の場合にもみられ、それぞれ井伊《いい》家、明智光秀《あけちみつひで》の研究がおおいに進展した。

今回の「どうする家康」にあたっても、同様に徳川家康研究の進展を期待していた。すでに時代考証を担当する平山優氏・柴裕之氏によって、それぞれ良質の新著が複数刊行されている（二〇二二年末時点）。私も部分的に、寄与したいと考えて、『家康の正妻　築山殿《つきやまどの》』（平凡社新書）を刊行した。築山殿の評伝書などは、通常であれば刊行は難しいテーマであろうが、大河ドラマに因《ちな》むことで刊行できた側面は否定できない。もう一つ、家康に関する最新の研究成果を集約した簡易な論文集の刊行を企画した（近く刊行されることであろう）。私が関わるのはこの程度と考えていたのであったが、図らずも本書を刊行することになった。

切っ掛けは、昨年の夏に、朝日新聞出版書籍編集部の長田匡司さんから、家康に関する新著の執筆を依頼されたことにある。昨年七月から、朝日カルチャーセンター新宿教室で、「徳川家康の新研究」という講座を担当することになった。長田さんはそれを知って、講座内容を書籍化して欲しい、と依頼されてきたのであった。私は家康を専門に研究しているわけではなかったから、少し躊躇《ちゅうちょ》した。しかし家康に関しては、北条《ほうじょう》家・武田家・今川家、そして羽柴家などとの関係から検討はしていて、私なりの見解もあったから、それらを提示しておくことも、今後の家康研究にとって意義あることと考えてお引き受けし、本書の刊行となった。

本書の内容は、近年の研究成果を集約したものを中心に、随所に私なりの見解を織り交ぜたものになっている。史料をもとに検討していくと、必ずといっていいほど新たな発見がある。やはり一つの史料、事実について多くの研究者が検討することで、研究が進展していくことがわかる。しかも本書を書いたことで、さらに検討したいと思う部分も出てきて、それについては別書を刊行することにした(これも近く刊行される予定である)。それについても期待していただきたい。

最後に、本書刊行にあたってお世話になった長田匡司さんにあらためて御礼を申し上げます。

二〇二三年一月

黒田基樹

主要参考文献

跡部信『豊臣政権の権力構造と天皇〈戎光祥研究叢書7〉』（戎光祥出版、二〇一六年）
今福匡『「東国の雄」上杉景勝〈角川新書〉』（KADOKAWA、二〇二一年）
大石泰史編『今川氏年表　氏親・氏輝・義元・氏真』（高志書院、二〇一七年）
岡野友彦『源氏長者』（吉川弘文館、二〇一八年）
大西泰正『前田利家・利長〈中世から近世へ〉』（平凡社、二〇一九年）
小川雄・柴裕之編『図説徳川家康と家臣団』（戎光祥出版、二〇二二年）
糟谷幸裕「今川氏の永禄六年――『三州急用』と『惣国』」（『戦国史研究』六〇号、二〇一〇年）
片山正彦『豊臣政権の東国政策と徳川氏〈佛教大学研究叢書29〉』（思文閣出版、二〇一七年）
金子拓『長篠の戦い〈シリーズ実像に迫る21〉』（戎光祥出版、二〇二〇年）
菊池敏雄「美濃攻略における信長の外交」（『日本歴史』八三〇号、二〇一七年）
栗原修「上杉氏の外交と奏者」（『戦国史研究』三二号、一九九六年）
黒田基樹『小田原合戦と北条氏〈敗者の日本史10〉』（吉川弘文館、二〇一三年）
同『真田昌幸』（小学館、二〇一五年）
同『羽柴を名乗った人々〈角川選書578〉』（KADOKAWA、二〇一六年）
同『羽柴家崩壊〈中世から近世へ〉』（平凡社、二〇一七年）

同『近世初期大名の身分秩序と文書〈戎光祥研究叢書11〉』（戎光祥出版、二〇一七年）
同『北条氏政〈ミネルヴァ日本評伝選179〉』（ミネルヴァ書房、二〇一八年）
同『戦国大名・北条氏直〈角川選書645〉』（KADOKAWA、二〇二〇年）
同『戦国「おんな家長」の群像』（笠間書院、二〇二一年）
同『武田信玄の妻、三条殿』（東京堂出版、二〇二二年）
同『家康の正妻　築山殿〈平凡社新書1014〉』（平凡社、二〇二二年）
同編『北条氏年表　宗瑞・氏綱・氏康・氏政・氏直』（高志書院、二〇一三年）
小林輝久彦「「駿遠軍中衆矢文写」についての一考察」（『静岡県地域史研究』一一号、二〇二一年）
柴裕之『戦国・織豊期大名徳川氏の領国支配〈戦国史研究叢書12〉』（岩田書院、二〇一四年）
同『徳川家康〈中世から近世へ〉』（平凡社、二〇一七年）
同『清須会議〈シリーズ実像に迫る17〉』（戎光祥出版、二〇一八年）
同『織田信長〈中世から近世へ〉』（平凡社、二〇二〇年）
同『青年家康〈角川選書662〉』（KADOKAWA、二〇二二年）
同「秀吉の天下人への台頭と織田家の臣従」（渡邊大門編『秀吉襲来』東京堂出版、二〇二一年）
同編『織田氏一門〈論集戦国大名と国衆20〉』（岩田書院、二〇一六年）
同『図説豊臣秀吉』（戎光祥出版、二〇二〇年）
同『徳川家康〈シリーズ・織豊大名の研究10〉』（戎光祥出版、二〇二二年）
白峰旬『日本近世城郭史の研究』（校倉書房、一九九八年）
竹井英文『織豊政権と東国社会』（吉川弘文館、二〇一二年）

谷徹也「秀吉死後の豊臣政権」(『日本史研究』六一七号、二〇一四年)
谷口克広『信長と家康〈学研新書104〉』(学研パブリッシング、二〇一二年)
中村孝也『家康伝』(講談社、一九六五年)
同『家康の族葉』(講談社、一九六五年)
新名一仁『「不屈の両殿」島津義久・義弘〈角川新書〉』(KADOKAWA、二〇二一年)
西尾大樹「豊臣政権成立期の織田信雄とその家臣」(『織豊期研究』二四号、二〇二二年)
長谷川弘道「永禄末年における駿・越交渉について」(『武田氏研究』一〇号、一九九三年)
原史彦「徳川家康三方ヶ原戦役画像の謎」(『金鯱叢書』四三輯、二〇一六年)
平岡崇「秋田移封」(高橋修編『佐竹一族の中世』高志書院、二〇一七年)
平野明夫『徳川権力の形成と発展』(岩田書院、二〇〇六年)
同「戦国期の徳川氏と三河国八名西郷氏」(『日本歴史』六九六号、二〇〇六年)
同「『神君伊賀越え』の真相」(渡邊大門編『戦国史の俗説を覆す』柏書房、二〇一六年)
同「永禄六年・同七年の家康の戦い」(戦国史研究会編『戦国期政治史論集　西国編』岩田書院、二〇一七年)
同「徳川家康はいかにして秀吉に臣従したのか」(渡邊大門編『秀吉襲来』東京堂出版、二〇二一年)
同編『家康研究の最前線〈歴史新書y66〉』(洋泉社、二〇一六年)
平山優『武田遺領をめぐる動乱と秀吉の野望』(戎光祥出版、二〇一一年)
同『長篠合戦と武田勝頼〈敗者の日本史9〉』(吉川弘文館、二〇一四年)
同『天正壬午の乱　増補改訂版』(戎光祥出版、二〇一五年)

同『武田氏滅亡〈角川選書580〉』（KADOKAWA、二〇一七年）
同『新説　家康と三方原合戦〈NHK出版新書688〉』（NHK出版、二〇二二年）
同『徳川家康と武田信玄〈角川選書664〉』（KADOKAWA、二〇二二年）
同「遠州堀江城と武田信玄」（『武田氏研究』六五号、二〇二二年）
福田千鶴『淀殿〈ミネルヴァ日本評伝選44〉』（ミネルヴァ書房、二〇〇七年）
同『江の生涯〈中公新書2080〉』（中央公論新社、二〇一〇年）
同『徳川秀忠』（新人物往来社、二〇一一年）
同『豊臣秀頼〈歴史文化ライブラリー387〉』（吉川弘文館、二〇一四年）
藤井讓治「徳川家康の叙位任官」（『史林』一〇一巻四号、二〇一八年）
藤田達生『城郭と由緒の戦争論』（校倉書房、二〇一七年）
堀新「豊臣秀吉と『豊臣』家康」（山本博文ほか編『消された秀吉の真実』柏書房、二〇一一年）
本多隆成『定本徳川家康』（吉川弘文館、二〇一〇年）
同『徳川家康と武田氏〈歴史文化ライブラリー482〉』（吉川弘文館、二〇一九年）
同『徳川家康の決断〈中公新書2723〉』（中央公論新社、二〇二二年）
丸島和洋『武田勝頼〈中世から近世へ〉』（平凡社、二〇一七年）
同『東日本の動乱と戦国大名の発展〈列島の戦国史5〉』（吉川弘文館、二〇二一年）
同「武田信玄の駿河侵攻と対織田・徳川氏外交」（『武田氏研究』六五号、二〇二二年）
森木悠介「豊臣政権と佐竹氏」（高橋修編『佐竹一族の中世』高志書院、二〇一七年）
同「激動の時代を乗り越え、秋田二十万石の大名として存続」（佐々木倫朗・千葉篤志編『戦国佐竹氏研究の

最前線』山川出版社、二〇二一年）
渡邊大門編『家康伝説の嘘』（柏書房、二〇一五年）

黒田基樹 くろだ・もとき
1965年東京生まれ。早稲田大学教育学部社会科地理歴史専修卒業。博士(日本史学)。専門は日本中世史。駿河台大学教授。著書に『お市の方の生涯』『百姓から見た戦国大名』『戦国北条家の判子行政』『戦国大名・伊勢宗瑞』『今川のおんな家長　寿桂尼』『下剋上』『関東戦国史』『戦国大名』『国衆』『武田信玄の妻、三条殿』『家康の正妻　築山殿』『羽柴家崩壊』など。

朝日新書
902

徳川家康《とくがわいえやす》の最新研究《さいしんけんきゅう》

伝説化された「天下人」の虚像をはぎ取る

2023年３月30日第１刷発行

著　者　黒田基樹

発行者　三宮博信
カバーデザイン　アンスガー・フォルマー　田嶋佳子
印刷所　凸版印刷株式会社
発行所　朝日新聞出版
〒104-8011　東京都中央区築地5-3-2
電話　03-5541-8832（編集）
　　　03-5540-7793（販売）

Published in Japan by Asahi Shimbun Publications Inc.
ISBN 978-4-02-295209-7
定価はカバーに表示してあります。

落丁・乱丁の場合は弊社業務部(電話03-5540-7800)へご連絡ください。
送料弊社負担にてお取り替えいたします。

朝日新書

この世界の問い方
普遍的な正義と資本主義の行方
大澤真幸

中国の権威主義的資本主義、コロナ禍、ロシアによるウクライナ侵攻。激変する世界の中で「適切な問い」を立て、表面的な事象の裏にある真因を探る。未来をより良くする可能性はどこにあるのか？　大澤社会学が現代社会の事象に大胆に切り結んでいく。

進路格差
〈つまずく生徒〉の困難と支援に向き合う
朝比奈なを

新卒主義でやり直しがきかない日本社会は、高校卒業時の選択がその後の命運を握ってしまう。大学・専門学校の実態から、旧態依然とした高校生の就活事情まで、進路におけるさまざまな問題を指摘し教育と労働のあり方を問う。

歴史を読み解く城歩き
千田嘉博

全国に三万カ所以上あった中・近世の城郭跡。自然に触れて心が豊かになり仕事への意欲もわく。いいことずくめの城歩き。歩けば武将たちの思いも見えてくる。全国の城びとを応援する著者による城歩き指南決定版。朝日新聞好評連載等をもとにまとめた一冊。

昭和史研究の最前線
大衆・軍部・マスコミ、戦争への道
筒井清忠／編著

世間は五・一五事件の青年将校を「赤穂義士」になぞらえて称賛した！　軍部とマスコミに先導された〝大衆世論〟の変遷から戦争への道筋を読み解く、最新研究に基づく刺激的な論考。ウクライナ戦争、米中対立など国際情勢が緊迫化する今こそ読まれるべき一冊！

朝日新書

歴史の逆流
時代の分水嶺を読み解く

長谷部恭男
杉田　敦
加藤陽子

大戦時と重なる日本政府のコロナ対応の失敗、核保有大国による独立国家への侵略戦争、戦後初の首相経験者の殺害……戦前との連続性ある出来事が続くなか、歴史からどのような教訓をくみ取るべきか。憲法学・政治学・歴史学の専門家が、侵略・暴力の時代に抗する術を考える。

どろどろのキリスト教

清涼院流水

キリスト教は世界史だ。全キリスト教史、超入門。教会誕生から21世紀現在のキリスト教までの2000年間を、50のどろどろの物語を通じて描く。キリスト教初心者でも読めるように、素朴な疑問からカルト宗教、今日的な問題まで盛り込んだ教養を高める読みものです。

名著入門
日本近代文学50選

平田オリザ

作家と作品名は知っていても「未読」の名著。そんな日本近代文学の名作群を、劇作家・演出家の著者が魅力的に読み解く第一級の指南書。樋口一葉から鷗外、漱石、谷崎、川端、宮沢賢治、三島由紀夫、司馬遼太郎らまで、一挙50人に及ぶ名著を紹介。本を愛する読書人必読の書。

朝日新書

70代から「いいこと」ばかり起きる人

和田秀樹

最新科学では70歳以上の高齢者に関するポジティブなデータが発表され、「お年寄り」の実態は昔と今では大きく違っていた。これまで「高齢者の常識」を覆し続けてきた著者が、気休めではない最新の知見をもとに加齢によるいいことをアップデートし、幸福のステージに向かうための実践術を提案!!

朽ちるマンション　老いる住民

朝日新聞取材班

管理会社「更新拒否」、大規模修繕工事の水増し請求、認知症の住民の増加——。建物と住民の高齢化問題に直面した人々の事例を通し、マンションという共同体をどう再生していくのかを探る。「朝日新聞」大反響連載、待望の書籍化。

お市の方の生涯

「天下一の美人」と娘たちの知られざる政治権力の実像

黒田基樹

お市の方は織田家でどのような政治的立場に置かれていたか？　浅井長政との結婚、柴田勝家との再婚の歴史的・政治的な意味とは？　さらに3人の娘の動向は歴史にどう影響したのか？　史料が極めて少なく評伝も皆無に近いお市の方の生涯を、最新史料で読み解く。

「外圧」の日本史
白村江の戦い・蒙古襲来・黒船から現代まで

本郷和人
簑原俊洋

遣唐使からモンゴル襲来、ペリーの黒船来航から連合国軍による占領まで、日本が岐路に立たされる時、そこにはつねに「外圧」があった——。メディアでも人気の歴史学者と気鋭の国際政治学者が、対外関係の歴史から日本の今後を展望する。

スマホはどこまで脳を壊すか

榊 浩平／著
川島隆太／監修

何でも即検索、連絡はSNS、ひま潰しに動画やゲーム……スマホやパソコンが手放せない〝オンライン習慣〟は、脳を「ダメ」にする危険性も指摘されている。その悪影響とは——、「脳トレ」の川島教授率いる東北大学の研究チームが最新研究から明らかに。

2035年の世界地図
失われる民主主義　破裂する資本主義

エマニュエル・トッド
マルクス・ガブリエル
ジャック・アタリ
ブランコ・ミラノビッチほか

戦争、疫病、貧困と分断、テクノロジーと資本の暴走——歴史はかつてなく不確実性を増している。「転換点」を迎えた世界をどうとらえるのか。縮みゆく日本で、私たちがなしうることは何か。人類最高の知性の目が見据える「2035年」の未来予想図。

新宗教　戦後政争史

島田裕巳

新宗教はなぜ、政治に深く入り込んでいくのか？　この問いは、日本社会のもう一つの素顔をあぶりだす。新宗教は高度経済成長の産物であり、近代日本社会の宗教体制を色濃く反映している。天皇制とのかかわりに特に着目すれば、「新宗教とは何か」が見えてくる！

朝日新書

自分が高齢になるということ【完全版】

和田秀樹

「ボケは幸せのお迎えである」――高齢者の常識を次々と覆してきた老年医学の名医が放つ新提唱！　セカンドステージが幸福に包まれる、とっておきの秘訣とは!?　老いに不安を抱くすべての人のバイブル！　10万部ベストセラーの名著が書き下ろしを加え待望復刊!!

早慶MARCH大激変
「大学序列」の最前線

小林哲夫

早慶MARCH（早稲田・慶應・明治・青学・立教・中央・法政）の「ブランド力」は親世代とは一変した！　難易度・就職力・研究力といった基本情報からコロナ禍以降の学生サポートも取り上げ、各校の最前線を紹介。親子で楽しめる一冊。

徳川家康の最新研究
伝説化された「天下人」の虚像をはぎ取る

黒田基樹

実は今川家の人質ではなく厚遇されていた！　嫡男と正妻を自死に追い込んだ信康事件の真相とは？　最新史料を駆使して「天下人」の真実に迫る。通説を覆す新解釈が目白押しの刺激的な一冊。〝家康論〟の真打ち登場！　大河ドラマ「どうする家康」をより深く楽しむために。